U0084431

臺灣改造經濟學

經濟在臺灣民主化過程的角色

彭百顯 著

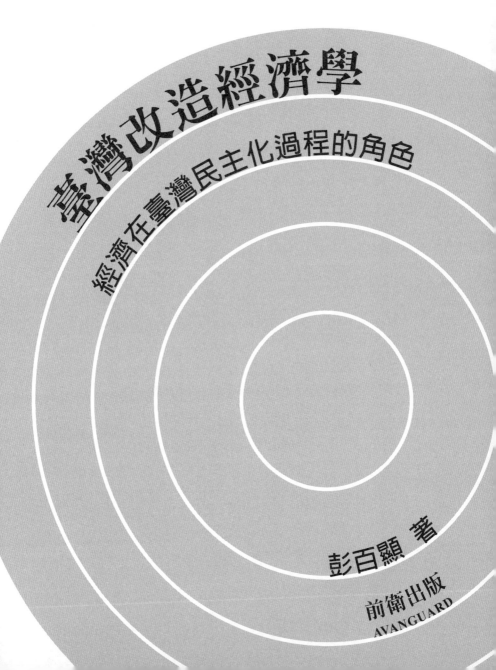

前衛出版
AVANGUARD

〔序〕
時代運動絕不能割捨的經濟

當你拿起本書，翻開第一頁時，我知道，你愛臺灣，並且，深深地真愛臺灣。

本書的出版，讓我們再度相遇在臺灣進一步民主化的過程。這次，也是歷史際會，不是偶然。

你應當可以憶起：1980年代的臺灣能夠風起雲湧地帶動民主化運動的歷史潮流，但為什麼卻又未能累積能量花開結果？當時，反對運動的主軸就是勇敢的對中國國民黨政權抗爭。因為，時代的控制束縛相當嚴重。

醞釀1980年代反對運動能量蓬勃發展的主要源頭，是之前1970年代後半的兩件政治事件：一是許信良激起的中壢事件，象徵臺灣民眾不懼強權對抗當局的民主覺醒；一是美麗島事件，象徵臺灣民主化歷史的翻身運動。這兩項政治事件正是臺灣民眾對政治長期管制所反應的自然生命動作，因而開啓了後來1980年代臺灣民主蓬勃發展歷史的另一頁。

解除管制(deregulation)是1980年代臺灣民主運動在政治上力圖突破的目標。但就反對陣營而言，政治管制的威力卻一直難以打破，戒嚴雖終在1987年7月15日宣佈解除，然而，民主運動截至1980年代結束前，則仍難見成果。

1988年，為試圖檢討當時民主進步黨該走的政治運動重點方向，在號稱為「臺灣人國建會」的研討會上，我率先對臺灣經濟體質提出強烈批判，對障礙臺灣民主自由的元兇，強烈控訴改革政經體制；並從此開始我日後在經濟上全心致力解除管制的投入。我相信讀過這篇論文以及研究報告，大家可以發現，竭盡能力解除經濟管制，是突破一黨政治獨大的方法。

在臺灣現代化的歷程，1990年代的經濟自由化與政治民主化，的確扮演相當程度的份量角色，歷史可以得到論證。遺憾地，只是在臺灣歷史改造的過程，經濟這個要角曾經被在野輕忽。

回首過往，反對運動的確在經濟領域失落過。就這樣，我和同志伙伴們一同走過二十世紀末期的臺灣變革；在少知音的孤寂中，也默默面對新世紀的來臨。我冷靜地思考，臺灣的歷史如何被改造？由本書可以看出，在民主進步黨創黨後第一個十年期間，我在檯面上理念的傳播，不斷地宣揚這三個主題：(一)經濟在政治運動過程的重要性，(二)體制改革對時代社會的意義，(三)打破控制經濟體制的政治意義。

雖然我身在時代運動的這一段歷史，也見到了一些民主成果，然而值得記上一筆的，在臺灣政經體制改革與解除控制經濟體質方面的諸多戰役，我留下許多紀錄以及改造的痕跡。如今，看到社會上一些進步改革，尤其，在經濟體系領域的結果，心想對臺灣經濟發展史這一方面總算有一些交代。本書正是反映力爭臺灣體制變革以及經濟解

放的歷史改造的前置奮進過程。

　　閱讀本書你當更可體會：爲什麼1990年代是臺灣經濟自由化的時代？同時，也是政治民主化開花結果的時代？你也許會暮然回首，過去一系列的經濟管制逐漸釋放解除，包括民營化，讓李登輝領政時代得以放手改革國家體制而獲得社會的支持，讓反對黨也得以茁壯成長。終至二十世紀末，國家總統於焉可以民選，並於世紀結束前正式出現政治上的政黨輪替，民主運動終於獲得重大勝利。這是一段臺灣人運動開花結果的時代，臺灣人改造了臺灣歷史。

　　見證時空的轉折，歷史可以還原時代的社會變遷，本書收錄我的一篇論文、一篇研究報告，以及六篇演講。時間係於1988～1995之間，地點分別在國內外許多關心民主與臺灣前途的場合；當時，我的身分在1990之後並有立法委員的頭銜。而文章中的註解，則是集輯本書時對照社會變遷所附加之說明。這是本書的內容與歷史背景。

　　時代變革的政治運動，絕不能割捨的是經濟，社會反映的歷史確是生存的連續。事實證明，我全心致力型塑民主進步黨總體經濟政策理念形象，許多企業、商界以及中產階級已有明顯的傾向肯定崇尙自由民主的民主進步黨，甚且，逐漸凝聚力量，後來更支持其執政帶領國家。很欣慰的，這些努力都是1990年代迄至二十世紀結束，臺灣民主化的內涵與盛事。雖然，成就的大部分是執政的李登輝時代，然而，民主進步黨卻也在這個時期獲得民眾最多的期待力量。

看完本書，你或更可體會當時所肩負經濟的時代性論述與演講，就像歷史的旗幟與號角，用力升起反抗不義的大旗並鼓吹臺灣民主化的高調，目的在喚醒以經濟展開對體制與經濟體質的改革。而當擁有立法委員職權，讓我有機會在國會揮灑解除控制經濟的目標；並在社會上刻劃下民主進步黨執政前的經濟印象。

為了對反對運動群眾的時代性社會啓蒙，有意無意間，在不同場所，不斷重複臺灣經濟與政治之關聯，為強調建立時代新體制的重要性，我這樣訴說：

> 我們不能用過去落伍的制度規則來處理問題，因為，這只顯示我們沒有自知之明，當我們最需要的時候，往往為自己開錯了藥方。

這是大學時我的老師林鐘雄教授《西洋經濟思想史》曾經要我們注意的一位經濟學家的思維。幾年後，我深入他的著作，並引其精華提醒國人參考。他就是曾任哈佛大學經濟系主任及美國經濟學會會長的葛布雷(John Kenneth Galbraith,1908-2006)。飲水思源，在本書出版之前，想起往年舊事，特別記下我對林老師的感懷。其實，這句話至今二十一世紀的臺灣，依然適用。或許，修讀過經濟思想史的朋友，你應該也可以知道我是制度學派的信仰者。

彭百顯 謹識
2012.3.19 于臺北

目錄

意外總是需要一段長時間的準備期。
——魯浦流士，《眾神的學校》(*The School for Gods*)

　　從事後看。我在本書所描述這七、八年來的努力為臺灣新生命的誕生，竟是為了未來另一個歷史際會所作的準備。而這個準備則係為我劃下人生分水嶺的際遇埋下回鄉競選地方父母官的另一場意外的鋪陳。

　　原來，我無預警地一步一步的被安排現身在一條必須去收成的災難之路上。事件就在未來等著你。

旗幟升天

【一篇論文】

揭竿反經濟不義之抗爭

反體制的大旗悄悄在社會升起，
改革是唯一的路，時機已經到了。
經濟幫助我們看清歷史。

◆主題◆

臺灣經濟體制的本質：控制經濟

時間：1988年8月15日

地點：臺北

主辦：北美洲臺灣人教授協會

　　　臺灣人權促進會

【一篇論文】
臺灣人國建會 / 時代運動

臺灣經濟體制的本質：
控制經濟

1988

臺灣經濟體制的本質：
控制經濟[1]

為什麼臺灣政治不民主？

為什麼臺灣社會保守？

為什麼反對運動遲遲不能壯大？

為什麼支持反對運動者大都潛藏在幕後或地下？

戰後四十年來，臺灣的主政者－中國國民黨政府，長期霸佔控制整個經濟市場的分割權，支配所有資源的分配權，並壟斷市場經營的獨占權，致使臺灣經濟導向控制的經濟本質。

經濟力量既然掌握在當權者手中，缺乏制衡的政治，自然也就決定政治的專制局面。

---

1 本文係作者於1988年8月15日，在一場由北美洲臺灣人教授協會與臺灣人權促進會共同舉辦，被號稱為「臺灣人國建會」之臺灣公共政策研討會（8月15日至17日）上所發表之論文。相對當時每年由中國國民黨執政當局所舉辦齊聚海內外專家學者於一堂之國建會，這場本土性極強的臺灣人國建會，第一次由國外移到臺灣島上舉辦，加上當時有數位學者包括蕭欣義、廖述宗、林宗光三位論文發表人被列為黑名單，禁止入境，甚具政治及歷史意義。文章中，標題文字經修正，統計時間數列簡化並略去統計表之資料來源及參考文獻。

摘要

　　控制經濟的本質是主政者支配著相當程度的經濟力量。臺灣執政的中國國民黨當局宣稱實施民主憲政四十年，卻以不合憲政體制的《國家總動員法》、《非常時期農礦工商管理條例》、及其相關法規與各種行政命令，實施經濟「大戒嚴」，嚴密管制臺灣的經濟活動；舉凡工業、貿易、金融、運輸等莫不受到層層管制，使臺灣充斥著控制經濟體制的色彩。這不僅阻礙投資管道，更導致臺灣地下經濟活動猖獗。

　　主政者在總體經濟方面所發揮的強大支配力，包括：約握有臺灣70%的土地、45%的資本、12%的勞動力，綜合約掌握臺灣總財富的42%。佔有臺灣45%的投資，但產值比重僅26%，顯示政府投入資本的龐大與產出的無效率。在國民總生產(GNP)的經濟活動中，平均佔有27%，在國民所得中分配了24%。此外，政府預算支出對GNP比率年年提高，顯示資源由民間移轉至公共部門使用的情形日趨提高，政府支配經濟資源的力量愈高。其中，國防支出佔GNP的比重在11%，超過以北緯38度線與北韓對峙的南韓(6%)，更超過經濟合作發展組織(OECD)會員國的平均數

(3%)。臺灣國防支出歷年來一直居高不下，佔中央政府支出的半數以上，造成軍事國家形象。近年來雖有下降，但比重仍在40%左右或以上。由於主政者將大量經濟資源投注國防，使得所能用於民生經濟支出的資源愈形減少，人民的經濟生活水準、社會福利難以大幅提高。

臺灣的主政者更透過公營事業的直接經營或控制，干預整個市場經濟活動的自由運作。目前，政府所經營的公營事業範圍，已完全逾越經濟理論的理由與界線，幾乎已涵蓋所有經濟體系內大部分產業；而其規模之大，實難以數計。僅以26家國營及33家省營事業而言，公經濟力所掌握的總資產額即高達8兆元，這個數值是臺灣前五百大民營製造業總資產9,232億元的8.7倍；而其營業額高達GNP的35%。由此可見，臺灣公經濟力的規模相當驚人。

在政府層層管制與干預下，臺灣的民營企業所能擁有的自由經濟活動空間已相當有限。政府對經濟資源的直接控制或間接掌握，不僅嚴重侵害到經濟自由或市場經濟體制的發展，更是總體經濟資源運用效率低落，繼續下去，只會造成更大的經濟問題與危機。

關鍵詞：經濟體制、控制經濟、經濟戒嚴、經濟支配力

經濟體制

在人類無窮的慾望中，資源相對稀少的問題，是任何經濟社會均面臨的基本難題。因此，決策者必須決定有多少資源應分配於各項生產用途，並決定生產中所獲得的所得應如何分配於資本、勞動、土地等提供者。

經濟體制是決定整個經濟體系之財貨與勞務「生產什麼」、「如何生產」、和「為誰生產」等基本問題的社會安排型式。資源稀少的問題產生三種基本的經濟體制(economic system)類型：傳統經濟體制(traditional economic system)、控制經濟體制(command economic system)、市場經濟體制(market economic system)。

一、傳統經濟體制

傳統經濟體制社會的特徵是依累積食物、原始農業、或放牧而生存，典型這種社會常遭受嚴重的飢饉問題。在這個經濟體制中，貿易的專業化以及擴充生產毫不重要，社會的基本需求決定「生產什麼」的問題，大部分的活動僅限於基本生存所需，為滿足基本需求故，根本無暇從事創新活動或技術發展。「如何生產」是指打獵工具、農業用具、和建造遮棚或倉庫的方法，其方法技巧由一代傳至下一代，隨著時間的經過，改變非常少。分配的問題主要是由該社會所認為最優秀的成員來安排，這些人獲得傳統社會最佳的產出。

二、控制經濟體制

在控制經濟體制社會，生產什麼、如何生產、為誰生產等問題是由中央當局決定。所謂中央當局可能是一個人，國王、獨裁者、法老；或一個群體，共產黨、軍事集團。中央當局決定生產什麼。控制經濟體制最熟悉的當代典型例子是蘇聯，在過去五十年，在蘇聯中央委員會政治局控制下，大量經濟資源投入軍事財貨生產，犧牲了消費財以及可用於生產消費財的資本財。而在其他許多國家，雖然決策最終也經過民主投票程序，卻也對國防投資大量資源。在控制社會中，許多生產活動是由政府所擁有的事業生產，發明和創造成果的發展受到當局的控制，無法鼓勵自由思想、創新貢獻。而在報酬分配方面，有相當程度的獨斷權衡力量導引選擇性的財富分配。排名高位者及擁護政權者有優先選擇所要生產之財貨或勞務的權利，而以位列黨中央官僚體制中的地位和權力基礎獲得報酬分配的多寡。

歷史上，埃及、希臘、羅馬和中世紀社會，獨裁政權、君主政體和貴族政體，均具有傳統和控制經濟體制的特徵。然而，在十七、十八世紀，英國和其他歐洲國家已大幅降低對經濟的集中控制和管制，這種發展情勢促成新型態市場經濟社會的發展。

三、市場經濟體制

在市場經濟中，消費者決定「生產什麼」的問題。

「一元一票」的貨幣購買力表達了消費的需求，也決定財貨和勞務的生產，以及生產者提供財貨和勞務賺取利潤。

「如何生產」的問題，是由技術和生產者追求利潤的動機來決定，以求在既定資源價格下能達到生產財貨成本最低，價格誘因導引新技術和新資源投入生產，決定如何生產、生產什麼，也決定了為誰生產的問題。資源的供需決定了各種資源的價格：工資、租金、利率。

透過產品市場、資源使用和貨幣交換制度的過程，各經濟單位所做的決策不僅有益於自己，也有利於他人。家計部門追求最大滿足效用，而廠商追求最大利潤；價格機能與自利誘因導引個人追求最大報酬，也使經濟資源達到充分配置，達成社會最大利益。

目前，在世界經濟社會中，沒有單純的經濟體制。所有社會均混合著傳統、控制、和市場制度。然而，依舊可以看出支配性的經濟本質型態，例如：第三世界國家傳統經濟體制具支配力量；美國則主要是市場經濟；蘇聯、中國主要是控制經濟。[2] 而市場經濟體制和控制經濟體制正是當今世界兩大領導體制。何者有利於促進經濟成長與福利？這個問題，決定於政治和經濟自由的價值判斷。但大多數西方經濟學者，認為在政治和經濟自由下，市場經濟體制所能發揮促進經濟成長的力量最大。

2　蘇聯計畫型控制經濟體系已隨1991年末蘇聯解體而告終，如今俄羅斯等獨立國協已實施市場經濟。而中國自1979年改革開放之後，經濟已逐漸傾向市場經濟，但仍維持相當程度的國營事業體制。

經濟自由化是國際的趨勢，臺灣的中國國民黨主政當局號稱在臺灣實施民主政治與自由經濟體制四十年。但實際上是，大多數重要產業是政府所有，生產設施和分配主要仍由政府控制。主政者以犧牲民生經濟的代價，將大量經濟資源投入國防，且經濟資源的運用未經過充分代表民意的民主投票程序通過。私經濟部門長久以來只能在有限的空間、有限的經濟資源環境下奮求生存。

執政當局自俞國華內閣上臺以後，雖然揭示經濟自由化為政策目標，惟四年來，僅有局部的貿易、金融等之放寬管制，距離經濟效率極大化之競爭市場目標尚遠。為便於瞭解主政者對臺灣經濟的控制力量，本文就經濟的管制、總體經濟的支配力、以及直接控制的經濟範疇，作全盤性的探究，以了解臺灣經濟體制的本質就是：控制經濟。

控制經濟的源頭

目前，臺灣存在有經濟上的兩大「戒嚴法」，都是行憲之前未經國會制定而頒布的訓政「法律」。我們可以說，限制臺灣經濟發展，阻礙人民生活品質提高，就是這兩個經濟的戒嚴法：《國家總動員法》(1942)與《非常時期農礦工商管理條例》(1938)。臺灣雖然已屬行憲政四十年，惟執政的中國國民黨並無廢止該法之意[3]。此外，在

3　《中華民國憲法》係國民政府於1947年1月頒布，並宣布自12月25日起施行，

經濟戒嚴的總體環境下，政府透過各項經濟法規的制定權以及行政執行權，也發揮支配管制的強大威力。這些就是造成控制經濟的源頭。[4]

國家總動員法：包山包海經濟大戒嚴

　　《國家總動員法》是1942年3月由當時的國民政府所公布施行，當時立法的目的係在於貫徹抗戰而制定的。根據該法，行政機關可以隨時(即他認為必要時)徵用或徵購政

開始憲政。但二戰結束初期，由於中國共產黨軍隊的勢力逐漸擴大，蔣介石在7月4日向南京國民政府第六次「國務會議」提出「厲行全國總動員，以戡共匪叛亂」的動員令，並於次日公佈，從此，全國進入了「動員戡亂時期」，1949年遷臺後仍繼續適用。

1948年4月，第一屆國民大會第一次會議為擴大總統權力，並避免修改生效不到4個月的《憲法》失掉民心，而於4月18日制定《動員戡亂時期臨時條款》，就國家實施緊急權之程序給予特別之規定，不受《憲法》規定之限制，於5月10日開始實行，有效期間為兩年半。1949年10月1日，中華人民共和國成立。中華民國政府遷至臺灣，1954年2月16日在臺北召開第一屆國民大會第二次會議，決議《動員戡亂時期臨時條款》繼續有效。直至李登輝於就任第八任總統時宣告將依法終止動員戡亂，1991年，經國民大會決議及總統公告於同年5月1日廢止，共施行43年之久。

4　為徹底解除臺灣控制經濟體制的源頭，制度上必須打破戒嚴法源《動員戡亂時期臨時條款》，在政治上，民主進步黨確實甚為用力，該條款終於1991年5月廢止。但在經濟上則顯得力有未逮。迄至本論文揭示應該廢止這兩個戒嚴大法，我自進入立法院之後，即本於權責，聯合25位委員，在1990年3月2日正式向立法院院會提案要求廢止該兩法，很不容易的並獲決議交付相關委員會審查。兩年後，1992年5月21日，國防部長陳履安到立法院聯席會備詢，並於1992年8月公布廢止國家總動員法。有關廢止該法之歷史論戰，有興趣者可參閱：彭百顯【耕種大地之愛：開拓臺灣現代化之路】《經濟病態：現代化障礙重重》（問政輯要4），財團法人新社會基金會，1992，頁93-114。由揭竿控訴經濟體制不義，至親眼看到臺灣經濟大戒嚴解除，前後雖費時四年，但內心仍甚感欣慰。

府認定之「總動員物資」，並得管制或禁止生產、販賣、輸入及自由處分。同時，亦得對這些動員物資及民生日用品之數量與價格加以管制。此外，行政機關亦得隨時徵用人民來從事政府認定之「總動員業務」。這些總動員物資包括：

1. 兵器、彈藥及其他軍用器材。
2. 糧食、飼料及被服品料。
3. 藥品、醫療器材及其他衛生材料。
4. 船舶、車馬及其他運輸器材。
5. 土木建築器材。
6. 電力與燃料。
7. 通信器材。
8. 前列各項器材之生產、修理、支配、供給及保存上所需之原料與機器。
9. 經政府臨時指定之其他物資。

而總動員業務則指：

1. 總動員物資之生產、修理、支配、供給、輸出、輸入、保管及必要之試驗研究業務。
2. 民生日用品之買賣業務。
3. 金融業務。
4. 運輸、通信業務。
5. 衛生及傷兵難民救護業務。
6. 情報業務。
7. 婦孺老弱及有必要者之遷移及救濟業務。
8. 工事構築業務。

9. 教育訓練與宣傳業務。

10. 徵購及搶先購運之業務。

11. 維持後方秩序並保護交通機關及防空業務。

12. 經政府臨時指定之其他業務。

尤其，這個總動員法更給予政府可以隨時：

1. 限制人民就業之自由、及限制薪資水平。

2. 限制廠商員工及僱工數量。

3. 禁止罷工、怠工。

4. 調整耕地及耕作力之重分配。

5. 限制貨幣流通。

6. 限制金融業資金之的運用。

7. 徵用人民之新發明專利。

8. 限制人民新聞、通訊之自由。

9. 限制人民言論、出版、著作、集會、結社之自由。

10. 徵用人民之土地、住宅、建築物。

11. 監督同業職業工會之組織。

非常時期農礦工商管理條例
—政府經濟大通吃

1938年10月，國民政府修正公布施行《非常時期農礦工商管理條例》。根據該條例，經濟部得就下列農礦工商各企業及物品納入經濟管制：

1. 棉、絲、麻、羊毛及其製品。

2. 金、銀、鋼、鐵、銅、錫、鋁、鎳、鉛、鋅、鎢、銻、錳、汞及其製品。

3. 食糧、植物油、茶、糖、皮革、木材、鹽、煤及焦炭、煤油、汽油、柴油、潤滑油、紙、漆、酒精、水泥、石灰、酸鹼、火柴、交通器材、電工器材、電氣機器工具、教育用品、藥品、人造肥料、陶器、磚瓦、玻璃。

4. 毛豬、豬肉、耕牛、冰塊、樟腦及其製品、鳳梨罐頭、硫磺(包括硫化鐵)、燃料油、橡膠及其製品。

5. 肉牛、乳牛、羊、牛肉，羊肉。

6. 洋菇及蘆筍罐頭。

7. 小麥、大麥、玉米、黃豆及其製品、牛奶及其製品、味精、完全飼料、人造纖維及其製品、木製品、瓦斯、塑膠原料及其製品、一般食品罐頭、醫藥器材。

此外，政府依該條例得隨時：

1. 規定企業生產、運銷及經營等方法，包括規定原料種類及其存貨、工作時間、勞工待遇、及產品訂價等，並得代管。

2. 企業收歸公管。

3. 強制使用或徵用荒地。

4. 指定廠商經營各項指定物品。

5. 禁止廠商停業、停工、罷工、怠工、罷市，但亦得命令廠商停業。

6. 命令廠商遷移及儲藏指定物品。

7. 進出口限制及禁止。

8. 命令廠商改製軍用品。

9. 命令變更耕作物種類。

10. 收歸發明及專利。

由以上內容觀之，《國家總動員法》及《非常時期營農礦工商管理條例》實構成嚴密管制經濟活動之巨網，業已緊緊地控制整個臺灣經濟的生機。例如，根據以行政命令公佈施行的〈取締地下錢莊辦法〉(1942)、〈工業動員辦法〉(1971)、〈車輛動員辦法〉(1954)、〈臺灣地區汽油及柴油管制辦法〉(1956)、〈物力調查實施辦法〉(1972)等等，都牢牢的箝制各項有關方面的經濟活動，影響所及實不可數計。

除了這兩個威力無邊的大法之外，中國國民黨政府又於1951年12月以行政命令公佈〈戡亂時期依國家總動員法頒發法規命令辦法〉，自行授命自己執政的政府得隨時制定各種法規以「集中運用人力、物力、限制人民權利，而不受憲法規定之約束」。如此無法無天的訓政法令，如此什麼叫做經濟自由的無知，居然在號稱民主國度的今天仍不予廢止，此誠舉世無以匹敵之天下奇聞。

自由經濟體制的扭曲

政府透過經濟法規的立法、行政管理辦法、行政命令的制定，可以隨意的進行其所要達到規範的目的。尤其是後兩者，根本無須經過民意機關的核准，其影響力更甚於預算或投資等之作用；此外，行政執行權的過度發揮或縮水，對經濟活動的限制比法律的規範更為嚴重、更有效、而且更為直接。這是政府管制經濟的萬靈符。

最近四十年來，臺灣的經濟環境，雖然受到許多不合理、不合宜、不合時的法律所限制發展，然而，對經濟自由傷害最大的莫過於行政立法與行政執行的職權膨脹。

例如，《出版法》明明規定可以依法辦報、辦電臺，但是，行政命令卻以「紙張缺乏」、「頻道不足」等行政認定的理由，裁定「暫停報紙發行登記」、「電臺暫發特許執照」之違反法律侵權；報禁至今年才解禁，然而，辦電臺、電視臺的禁令依然不變，這是行政裁量權的高度膨脹。

再例如，《銀行法》明明規定銀行可以依法申請設立，而政府主管當局數十年來卻一直不准民間經營銀行，不管經濟環境如何變化，政府又遲遲不公布經濟在何種情況之下可以設立銀行，或禁止設立銀行之標準，而一味只知以防止過度競爭的理由禁止設立銀行，這也是行政裁量權侵害民權的另一個例證。[5]

又例如，《合作社法》明明規定人民依法可以自行組織各種合作性質之合作社，而後政府卻自行「授權」政府制定〈信用合作社管理辦法〉，以行政命令禁止信用合作社之新設。這是政府法規制定權與行政執行權過度膨脹的例證。[6]

---

5 臺灣開放銀行新設，迄至1989年7月《銀行法》修正，財政部於1990年4月10日發布「商業銀行設立標準」，並於4月12日開始接受業者申請，1991年7月3日財政部核准15家新銀行的設立。臺灣凍結商業銀行設立禁令長達四十多年，從此解除。

6 我自進入立法院後，為改善臺灣經濟體質，即全力致力實現臺灣自由化之目

其他又例如，有關交通法規明明規定的公路以民營為原則，但是，政府卻以行政權裁定公路不准民間設立經營，高速公路「暫停」開放民營，這是膨脹行政裁量權的例證。又例如，菸酒、糖類、石油等等產業，明明法律不禁止民營，偏偏政府主管當局限定民間不得經營，形成政府獨占市場、壟斷經濟資源運用權力，這是政府法規制定權與行政執行權過度膨脹的政府特權並破壞民權的例證。

總之，在臺灣經濟體系中，政府運用經濟行政法規的制訂權以及利用執行有關法規的行政裁量權，用以控制並支配整個經濟資源的情形，真是不勝枚舉，其力量是威巨無比的，政府這種管制情形的氾濫充斥，業已狠狠的重創臺灣市場經濟之運行，並使市場經濟制度發生嚴重扭曲。

主政者對總體經濟的支配力

市場經濟運作的威脅，主要是來自政府的管制以及政府對經濟資源的控制。臺灣整個經濟體系，除了經濟活動受到層層管制，包括工業管制、貿易管制、金融管制、汽車、海空運輸管制、郵政、電信管制等等不勝枚舉。社會經濟力已被層層限制，因而地下經濟活潑化外，政府對經濟資源的直接控制或間接掌握，也嚴重侵害到經濟自由與

標，在金融自由化方面，對行政院以行政命令管理信用合作社之違法失職，提出《信用合作社法》立法規範，終於1993年12月3日《信用合作社法》公布施行。

市場經濟制度的發展，使總經濟資源的運用面對效率低落
的問題。有關各種經濟管制擬另文探討，在此，先檢討政
府控制經濟的總支配水平[7]，至於有關執政當局對經濟資
源的直間接干預的情形，亦將於後分析。

對總財富的支配力

　　在整個國家財富中，政府所掌握的財富比率愈高，代
表民間所握有的財富相對愈低，愈背離自由的市場經濟，
政府以掌握國家財富的絕對優勢力量，可以主導經濟制度
的發展方向。就經濟資源的三要素而言，政府的支配力如
後說明。

　　在臺灣36,000平方公里的土地中，政府所掌握的公有
土地面積，在1946年時佔71.2 %，經過四十年後的1986
年，政府所掌握的公有土地仍高達68.4%，民間私有的土
地僅由28.8%增加至31.6%。由此可以看出，臺灣土地資
源的絕大多數掌握在政府手中。(參見表1)

　　在資本方面，由於存量資料計算不易，今以政府和公
營事業「固定資本形成毛額和存貨增加」佔國內資本形成
毛額比率來計算，政府所掌握的部分平均在45%左右，也
就是說，政府部門所控制的資本投資佔整個經濟體系的

7　本文分析之基礎，並不包含中國國民黨之黨營事業機構，若將黨國一體之實
　　情列入考量，則臺灣經濟納入控制的程度將再明顯上升。有興趣瞭解黨國一
　　體、黨政不分之檢討，可參閱彭百顯：（1）《特權幽靈：黑手真能掩青天》
　　（問政輯要2）（1992）；以及（2）《正義的追求：公平與公道》【邁向新
　　世紀系列2】（1995）等書（皆由財團法人新社會基金會出版）。

表1　政府對臺灣總財富的支配力(1946～1986年)

單位：%

年(底)	土地	資本	勞動
1946	71.2	—	—
1951	74.3	55.1	—
1956	71.8	48.4	—
1961	71.8	41.8	—
1966	71.6	34.6	—
1971	69.6	40.4	12.5
1975	69.3	57.7	12.0
1980	68.8	48.5	12.5
1985	68.5	46.7	11.7
1986	68.4	44.4	11.9

說明：
1. 土地支配力指政府公有土地面積佔臺灣總土地面積的比率。
2. 資本支配力指政府和公營事業之「固定資本形成毛額與存貨增加」佔國內資本形成毛額比率。
3. 勞動支配力指政府所僱用的勞動佔就業勞動的比率。
4. 未計公營及中國國民黨黨營事業。

45%，民間部門佔55%。在資源有限的經濟體系下，政府龐大的資本投資也隱含排擠經濟部門資源運用的問題。

在勞動力方面，就臺灣就業的勞動力分析，政府所雇用的勞動力在近十五年來約在12%左右。當然，這是指從事生產的勞動力，並不包括六十萬大軍。

就土地、資本、勞動力綜合而言，粗略估計，在臺灣總財富中，政府所掌握有的比重約在42%左右，長期在臺

灣整個財富中佔有相當重要的地位。這種經濟體制特質，距離自由經濟體系相當遙遠。

總投資與總生產的支配力

臺灣的投資結構中，政府和由政府指導下的公營事業，兩者的「固定資本形成與存貨」(就是一般所謂的投資)佔國內資本形成毛額的比重一向都相當高。1951至1986的36年期間，政府部門所能掌握的總投資比重在31.3~62.6％之間，且平均比重有明顯增加的趨勢。1961~1970年平均的投資比重為37.8％，1971~1980年增加到44.7％，最近六年，1981~1986年平均比重更增加到47.6％。其中，公營事業至少佔七成以上，政府機構在三成以下，公營事業投資規模之龐大，不容忽視(參見表2)。由此可見，政府部門在經濟投資的角色居主導地位，政府投資行為已是臺灣經濟成長最重要的因素。

這種政府高投資結構，把政府變成經濟氣候的主要營造者，使臺灣經濟中計劃性的色彩逐漸取代市場的自由性。總之，由政府總投資力的展現，政府業已把臺灣經濟導向一個計畫型的經濟模式裡。

另外，就總生產力方面，在國內生產總值(GDP)水平中，政府及公營事業的生產值比重，1951~1960年平均為25.6％，1961~1970年平均為27.7％，1971~1980年平均為25.3％，1981~1986年平均為25.8％。其中，公營事業佔六成左右，在這四段期間，公營事業產值比重平均分別為15.7％、17.2％、16.0％、和15.8％。(參見表2)

　　生產值比重顯示政府部門在生產力的結構中也有相當份量。然而，若比較政府部門的投資，則很明顯的可以看出，政府部門的經濟活動是相當無經濟效率的。表2顯示，政府部門的總投資力結構比重遠大於總生產力的結構，這種「投入－產出」差距越拉越大的情形。由1961~1970年的10.1％，擴大為1971~1980年的19.4％，1981~1986年再擴大為21.8％，表示政府部門投資越大，其無生產效率的程度愈嚴重。

　　若以政府機構和公營事業分開來看，公營事業無效率的程度更甚於政府機構，公營事業的產出僅及投入的半數。從這項政府部門總投資力與總生產力的結構比較，我

表2　政府的總投資力與總生產力(1951~1986年)

單位：％

期間平均	總投資力			總生產力			投入-產出差距
	政府	公營事業	合計	政府	公營事業	合計	
1951~1960年	12.6	37.6	50.2	9.9	15.7	25.6	24.6
1961~1970年	10.7	27.1	37.8	10.5	17.2	27.7	10.1
1971~1980年	12.6	32.1	44.7	9.3	16.0	25.3	19.4
1981~1986年	18.1	29.5	47.6	10.0	15.8	25.8	21.8
平　　均	13.0	31.8	44.8	9.9	16.2	26.1	18.7

說明：

1. 總投資力指政府和公營事業「固定資本形成與存貨增加」佔國內資本形成毛額之比重。
2. 總生產力指政府和公營事業產值佔GDP(國內生產毛額)之比重。
3. 「投入-產出」差距，指總投資力與總生產力之間的差。

們也可以了解，為什麼經濟學家一再主張政府應儘量減少經營生產事業，一再強調公營事業應開放民營的理由。

對國民生產的貢獻度

通常，顯示政府部門在經濟體系的地位，反映在國民生產總額(GNP)的構成比重大小，亦即從其貢獻度也可以觀察出政府角色的消長。在臺灣，包括政府消費支出、政府投資支出(固定資本形成)、以及公營事業投資(固定資本形成與存貨增加)的政府部門在GNP的構成比重，在1951~1987年間為20.8~39.7％，平均而言，1951~1960年為25.5％，1961~1970年為27.7％，1971~1980年為28.3％，1981~1987年為26.0％(參見表3)。顯示近四十年政府部門在每年的經濟活動中，為臺灣經濟成長貢獻其力量的影響，每一百元的國民總生產中，平均每年約27元是政府部門提供的。這種GNP的構成比重，代表政府在經濟成長中有相當的強度。

此外，探討政府部門經濟活動範圍的另一個指標，是政府部門在國民所得中生產及分配比重。1951~1987年的37年間，政府約生產並分配了全國國民所得的24％，其中，政府機構與公營事業各占了一半左右，三十多年來變動幅度不大。

在臺灣的國民所得結構中，政府部門共計分配了四分之一，比較美國該項比例大多在15％以下，尤其公營事業所占比重更在2％以下(參見表4)。這是表示美國自由經濟體制下，公營事業規模的微小，不會排擠民營企業，和經濟

表3　政府對臺灣GNP與國民所得的貢獻度(1951～1987年)

單位：%

時　期	GNP貢獻力	國民所得貢獻力		
		政府	公營事業	合計
1951～1960年平均	25.5	12.0	10.9	22.9
1961～1970年平均	27.7	13.2	12.4	25.6
1971～1980年平均	28.3	11.9	11.9	23.8
1981～1987年平均	26.0	12.1	11.4	23.5
平　均	27.0	12.3	11.7	24.0

說明：
1. GNP貢獻力指政府消費支出及政府和公營事業資本形成佔GNP之比重。
2. 國民所得貢獻力指政府和公營事業生產並分配國民所得的比重。

表4　美國政府對國民所得的貢獻力(1950～1983年)

單位：%

時　期	國民所得貢獻力		
	政府	公營事業	合計
1950	9.0	1.0	10.0
1960	11.5	1.0	12.5
1970	14.0	1.5	15.5
1980	12.9	1.6	14.5
1983	13.2	1.6	14.8

部門有充分活動的經濟空間的典型特色。而臺灣的情形，正顯示主政者向來佔有支配的重要地位。

對經濟資源的控制力

政府對經濟的支配力，以政府的預算收支最具有強制性的效果。一國政府預算支出愈高，代表政府支配經濟資源的力量愈大；而預算支出佔國民總生產的比率愈高，表示政府承擔的經濟社會功能愈大，代表國民經濟愈偏向控制經濟制度的模式。在臺灣，各級政府支出淨額每年不斷地攀升，在1958年度以前，各級政府的淨支出每年皆在100億元以下，至1975年度則突破1,000億元，其後約每兩年增加1,000億元，至1988年度支出達到了7,783億元。

由此可知，政府對經濟資源購買力、對經濟活動之進行，有相當大的決定作用。各級政府支出淨額對GNP的比率，長期以來大體維持在20~26％左右，近年已有逐漸升高的趨勢，從1951~1960年度平均的20.9％，提升到1981~1986年度的25.5％。(參見表5)

政府支出對GNP的百分比愈趨提高，也顯示資源由民間移轉至公共部門使用的程度日漸提高。

若以政府支出的性質係屬國防支出或非國防支出來看，1951~1986年的三十六年間，國防支出對GNP的比率在8.2~15.0％之間，平均達11％。從時間趨勢來看，1951~1960年度平均為13.2％，1961~1970年度降為11.9％，1971~1980年度再降為9.3％，1981~1986年度再降為8.9％。

乍看之下，似乎國防支出對GNP比率已下降，使得臺灣已有更多資源可以從事其他各項非國防建設。但事實上，佔GNP 8.9%的國防支出仍然相當驚人，世界上除了共產極權主義國家以及戰火頻仍的中東國家地區，國防支出比率較高外，絕大多數民主國家國防支出佔GNP比率均相當低。以OECD會員國為例，二十年來，該項比率平均在3%左右，1983年臺灣佔GNP 9.7%的國防支出遠高出所有OECD會員國，為日本的9.7倍，甚至為世界軍事強國美國的1.5倍。(參見表6)

若考慮臺灣主政者隱藏於教育支出項下對軍事學校等的支出、隱藏於社會福利支出項下對「大陸災胞」、「反共義士」支出等壓低國防支出的事實來看，國防支出對

表5　政府對臺灣經濟資源控制力(1951～1986年度)

單位：%

年　度	經　濟　總　購　買　力			租稅徵收
	政府總支出對GNP比率	國防支出對GNP比率	非國防支出對GNP比率	對GNP比率
1951～1960年平均	20.9	13.2	7.7	16.5
1961～1970年平均	21.4	11.9	9.5	17.3
1971～1980年平均	23.3	9.3	14.0	20.9
1981～1986年平均	25.5	8.9	16.6	20.9
平　均	22.5	11.0	11.4	18.7

說明：
1. 經濟總購買力指各級政府支出淨額對GNP之比率。
2. 租稅徵收指賦稅收入及公營事業盈餘。

表6　臺灣與世界主要國家國防支出佔GNP比率比較

(1965～1983年)　　　　　　　　　　　　　　單位：%

國　別	1965年	1975年	1980年	1983年
臺　灣	11.4	9.0	10.3	9.7
OECD 23個會員國平均	3.5	3.0	2.8	3.0
加拿大	3.0	1.9	1.9	2.2
法　國	5.2	3.8	4.0	4.2
義大利	3.3	2.5	2.4	2.7
日　本	1.0	0.9	0.9	1.0
英　國	5.9	4.9	5.1	5.4
美　國	7.2	5.6	5.2	6.3
西　德	4.3	3.6	3.3	3.4
中　國	-	-	10.4	8.6
北　韓	-	-	19.4	16.7
南　韓	-	-	6.1	5.8
東　德	-	-	5.8	6.4
蘇　聯	-	-	14.1	14.0
波　蘭	-	-	5.4	5.8
捷　克	-	-	5.5	5.9
南斯拉夫	-	-	4.7	3.7
古　巴	-	-	6.5	5.0
埃　及	-	-	10.2	8.3
伊　朗	-	-	7.3	5.0
伊拉克	-	-	21.7	47.2
以色列	-	-	30.6	29.0
沙烏地阿拉伯	-	-	14.4	24.3
阿拉伯聯合大公國	-	-	6.2	7.9
科威特	-	-	4.1	4.0
敘利亞	-	-	16.5	13.0

GNP比率絕對高於10％。國防支出佔GNP比率愈高，使得更多經濟資源從事非民生經濟支出，所能運用於經濟建設、教育文化建設、社會福利建設以創造民間財富、提升人民生活水準的資源愈形減少，這種經濟體制本質已偏離民生經濟制度。[8]

　　政府為支應公經濟部門活動所需的開支，主要以課稅方式強制徵收。稅捐占GNP的比率顯示一個國家人民的租稅負擔，也代表政府對經濟資源的另一種控制程度。由於臺灣的公營事業規模相當龐大，且在政府法規制度與行政執行的授權下，大都具有獨占的絕對優勢，公營事業透過定價優勢創造了超額盈餘，這事實上是另一種形式的賦稅收入；故以賦稅收入及公營事業盈餘佔GNP比率來計算，更能夠真切表達稅負或資源的控制程度。這項比率在1951~1960年度平均為16.5％，1961~1970年度增加為17.3％，1971~1980年度以及1981~1986年度平均都是20.9％。(參見表5)

　　自1980年代以來，先進各國採行供給面經濟學(supply-side economics)理論政策，紛紛實施減稅措施，以刺激民間投資、儲蓄活動，所以，各國租稅負擔均有明顯下降趨

8　戰後，臺灣歷來國防支出預算結構一向偏高，資源運用產生相當明顯的排擠效果。最嚴重的時期是1970年代之前，國防支出比重皆占中央政府總預算的60％以上，1960年代更高達70％以上，1950年代甚至高達90％。顯然，臺灣在戰後初期具有很濃厚的軍事國家形象，根本談不上政府其他建設。有關評論國家預算的全貌的資料早期相當缺乏，相對較完整的檢討現現，請參閱：彭百顯，《你可以相信政府會用錢：1992年度中央政府總預算診斷書》，財團法人現代學術研究基金會，臺北，1992年6月。

勢；但臺灣卻沒有明顯變化，政府以稅收控制經濟資源的
程度，維持在21％左右。

對金融資金的佔用力

　　從金融面來看，政府支配經濟的力量可以從金融資金
分配到政府部門的比重大小得知。臺灣全體金融機構的放
款和投資總資金量中，政府分配使用的額度相當大，在
1968年以前，政府與公營事業從全體金融機構取得資金
佔總資金的比重，皆在30％以上，1961年當年更拿走48.6
％。近年來，該項比例已有下降的趨勢。政府金融機構佔
用資金的比重，1961~1970年平均為35.5％，1971~1980年
降為20.6％，1981~1987年為18.3％(參見表7)。這個比重粗
看雖然不高，平均25％左右，但是，長期在金融機構資金
量中，政府即從總量分配佔用了四分之一，則全國民營大
小企業的資金使用分配機會勢將相對降低。近年來已見下

表7　政府對臺灣金融資金的佔用力(1951~1987年底)

單位：％

年　底	金融資金佔用力
1961~1970年平均	35.5
1971~1980年平均	20.6
1981~1987年平均	18.3
平　均	25.8

說明：金融資金佔用力指全體金融機構對政府機關和公營事業的放款和投資比
　　　重。

降，應是良好現象。

　　經由以上檢視臺灣經濟體系中政府的活動比重，我們可以明瞭，政府已牢牢地掌握控制住臺灣經濟的生機。在臺灣經濟體系中，無論從財富、總投資、總生產、GNP構成、國民所得分配、經濟資源控制、或徵用金融資金等結構方面，政府部門(含公營事業)的份量皆非常重，其支配經濟力量顯然是臺灣整體經濟的重心。而主政者這種經濟支配力的總體展現，在在顯示臺灣經濟本質上係已偏向控制型經濟社會的境界。

控制經濟的尖兵

　　透過公營事業的直接經營或控制，主政者對臺灣經濟資源的控制及支配，也展現其獨特的經濟干預力量。

侵犯民間經濟領域

　　臺灣現行公營事業的經營主體包括國營、省(市)營、縣營、鄉鎮營等，而以國營及省營兩者最為重要；經營的方式則分為直接經營與間接經營兩類。這些公營事業所經營的範圍，極為廣泛，從農林漁牧、礦業、採石業、製糖、菸酒、紡織、造紙、化學、肥料、煉油、塑膠、鋼鐵、機械、印刷、製藥、水電煤氣瓦斯、營造、交通運輸、郵政、電信、新聞出版、醫療、金融、保險、飯店、貿易、房地產等等，以及一般社會個人服務等行業，政府全都插上一腳。可見現行的公營事業，幾乎已經涵蓋所有

經濟體系內大部份的產業。政府的經營力量實在太偉大了。政府簡直就是一家超級巨型的經濟連鎖大公司。

以下就現行政府直接經營的事業，依行業別氂列於次，以昭大信。(未包括主政者之黨營事業在內)

1. 農林漁牧及漁獵業(13家)：臺大農場、雲林經濟農場、林務局、臺大林場、興大林廠、石門水庫管理局、曾文水庫管理局、榮民農業開發處、榮民森林開發處、榮民森林開發處林業工程隊、榮民臺中示範林場、榮民海洋漁業開發處，以及榮民魚殖管理處。

2. 礦業及採石業(2家)：榮民礦業開發處及臺灣製鹽總廠。

3. 食品製造業(4家)：臺灣糖業股份有限公司、臺灣省農工企業股份有限公司、榮民冷凍加工廠及榮民食品工廠。

4. 菸酒製造業(1家)：臺灣省菸酒公賣局。

5. 紡織製造業(2家)：榮民中壢製毯及榮民岡山工廠。

6. 木材加工製造業(3家)：臺中木材加工廠、榮民桃園工廠及臺中木材加工廠新竹分廠。

7. 造紙業(4家)：臺灣中興紙業股份有限公司、榮民彰化工廠、農民臺北紙廠及榮民楠梓工廠。

8. 印刷業(5家)：中央印刷廠、臺灣省政府印刷廠、臺北市政府印刷所、臺北縣政府印刷所及榮民印刷廠。

9. 化學肥料製造業(5家)：臺灣肥料股份有限公司、高

雄硫酸亞股份有限公司、中國石油化學工業開發股份有限公司、榮民氣體製造廠及榮民化工廠。

10. 醫藥、炸藥製造業(3家)：榮民製藥廠、榮民龍崎(炸藥)工廠及行政院衛生署麻醉藥品經理處。

11. 煉油業(1家)：中國石油股份有限公司。

12. 塑膠業(1家)：榮民塑膠工業。

13. 鋼鐵業(3家)：中國鋼鐵股份有限公司、唐榮鐵工廠股份有限公司及榮民臺北鐵工廠。

14. 金屬工業(5家，其中兩家已停業)：臺灣鋁業股份有限公司(已停業)、臺灣金屬礦業股份有限公司(已停業)、中央造幣廠、臺灣機械股份有限公司及中國造船股份有限公司。

15. 水電煤氣瓦斯業(4家)：臺灣電力股份有限公司、新竹縣瓦斯管理處、臺灣省自來水股份有限公司及臺北市自來水事業管理處。

16. 營造業(2家)：中華工程股份有限公司及榮民工程事業管理處。

17. 交通運輸業(數十家)：臺灣汽車客運股份有限公司、臺灣鐵路管理局、臺北市公共汽車管理處、基隆市公共汽車管理處、嘉義市公共汽車管理處、高雄市公共車船管理處、澎湖公共車船管理處、陽明海運股份有限公司、臺灣航業股份有限公司、民航局、基隆港務局、高雄港務局、臺中港務局、花蓮港務局、臺灣鐵路貨物搬運公司、中央信託局儲運處、招商局輪船股份有限公司，

以及其他縣市公共汽車管理處等。

18. 郵政電信業(2家)：電信總局及郵政總局。

19. 金融保險業(23家)：中央銀行、臺灣銀行、臺北市銀行、交通銀行、中國農民銀行、中央信託局、臺灣土地銀行、臺灣省合作金庫、第一銀行、華南銀行、彰化銀行、中國輸出入銀行、高雄市銀行、臺灣中小企業銀行、中央再保險公司、中國產物保險公司、中央存款保險公司、郵政儲金匯業局、臺灣土地開發信託投資公司、臺灣產物保險公司、臺灣人壽保險公司、臺北市公營當舖及高雄市公營當舖。

20. 醫療服務業(數十家)：臺灣地區勞工保險局、中央信託局公保處、臺大醫院、臺大家畜醫院、榮民總醫院、各省立醫院、市立醫院。

21. 商業及貿易服務處(10數家)：加工區管理處、中央信託局購料處及貿易處、臺灣書店、臺灣新生報、臺灣省物資局、臺灣省糧食局、臺灣省礦務局、及各林場、農場所附設的飯店、育樂中心等。

公營規模形成超級經濟怪物

　　現行臺灣公營事業的經濟規模，確切的統計數值無法從正常管道獲得，有的公營事業資料甚至當作國家機密處理。因此，很難掌握正確的公營事業經濟規模。目前，有關公營事業經濟規模的統計，有中央銀行以及臺灣銀行的

調查資料，由於調查樣本並非全部，因此所獲得的資料與實際的情況偏低很多，在此，不擬採用。表8，僅僅就(1)行政院所編列的26家國營事業：中央銀行、中央造幣廠、中央印製廠、臺糖、臺鹽、臺肥、中鋼、臺機、中船、中華工程、中油、臺電、中化、輸銀、交銀、農銀、中信局、中央再保、中央存保、郵政總局、電信總局、陽明海運、招商局輪船、郵政儲匯局、衛生署麻醉藥品經理處。以及(2)省政府編列的33家省營事業：高雄硫酸錏、中興紙業、唐榮鐵工廠、臺灣農工、林務局、糧食局、臺鐵、臺汽、臺航、臺鐵貨運、基隆港務局、高雄港務局、花蓮港務局、臺中港務局、臺銀、土銀、合庫、一銀、華銀、彰銀、中小企銀、臺開、臺壽、臺產、勞保局、石門水庫管理局、曾文水庫管理局、省自來水、省府印刷廠、臺灣新生報、臺灣書店、物資局、礦務局。以上，合計59家公營事業的總資產規模來了解政府在動用經濟資源的經濟活動。(注意：尚未包括國防部、退輔會、臺北市政府、高雄市政府，以及各縣市鄉鎮等轄區經營之公營事業)。

　　臺灣26家國營事業至1987年6月底的總資產，達新臺幣3兆5,246億元，33家省營事業的總資產達4兆5,074億元，合計總資產高達8兆320億元。這個數字，在臺灣的經濟活動中是一個天文數字，它是1986年臺灣GNP的2.9倍，是1986年臺灣前五百大民營企業總資產的8.7倍。可見，政府公營事業所掌握的經濟資源，確已達到一個相當驚人的地步。

　　如果，再把國防部主管事業單位、退輔會所轄事業單

表8　臺灣公營事業的經濟規模(1987年度)

單位：新臺幣億元；千人

項　　目	總資產	總營業額	員工人數
公營事業(59家)(1987年度)	80,320	9,630	
國營(26家)	35,246	6,911	155
省營(33家)	45,074	2,719	
五百大民營製造業 (1986年)	9,232	11,102	461
GNP(1986年)		27,724	
公營事業對 五百大民營製造業之比	8.7倍	0.87	
公營事業對GNP之比	2.9倍	0.35	

位(超過100家以上)，以及臺北市、高雄市、各縣市鄉鎮經營的事業都誠實計算在內，政府豈不是一個超級的經濟龐然大怪物？若再加上中國國民黨黨營之部份在內，所謂以「自由經濟體系」這個說詞來形容臺灣經濟，實在應該打很大的折扣。

　　試想，一個國家公營事業的營業規模佔GNP比重，居然高達35％。這樣的經濟體系，究竟能有多少自由的經濟活動空間可言？其與控制經濟本質的距離又有多遠？

其他變相的控制經濟單位

　　基金和投資是政府控制臺灣經濟的另外方式。尤其，特種基金必須納入政府預算，其支出更是具有強制性，完

全由國民來承擔。目前，主政者運用這種作爲來影響臺灣
經濟活動，其實際情形是：

政府的特種基金

特種基金是政府正規行政單位以外的變相單位，它的
規模或單位愈多，代表政府行政權的擴張愈大，其支配經
濟的力量已相對增加。現行政府部門所設的基金很多，不
計捐助財團法人所設的基金，僅僅是政府內部的特種基
金，包括有營業性基金與非營業性基金兩大類。由於統計
資料亦難獲致，在此僅就中央政府部門所設置營業基金以
外基金之規模及其種類，簡列以供參考明瞭主政者控制臺
灣經濟之其他觸角。

臺灣現行未包括省、縣市政府的中央政府所設置的非
營業性基金種類，包括有55個之多，名稱分別是：中央公
務人員購置住宅貸款基金，故宮文物圖錄印製作業基金、
中美經濟社會發展基金、立法院公報編印基金、中央國民
住宅基金、國軍官兵購置住宅貸款基金、開發基金、原料
黃金供應基金、國有財產開發基金、金融資訊服務中心、
國立臺灣大學附設醫院作業基金、國立臺灣大學附設農林
畜牧作業基金、國立中興大學附設農林畜牧作業基金、國
立成功大學附設醫院作業基金、國立臺北護理專科學校附
設醫療衛生中心作業基金、國立歷史博物館歷史文物圖錄
印製作業基金、法務部所屬各監所作業基金、加工出口區
管理處作業基金、工業區開發管理基金、臺北世界貿易中
心管理基金、民用航空局民航事業作業基金、退除役官兵

安置基金、榮民總醫院作業基金、科學工業園區管理局作業基金、農業發展基金、糧食平準基金、償債基金、國家科學技術發展基金、推廣外銷基金、臺灣地區煤業合理化基金、臺灣地區漁業發展基金、國家文藝基金、三民主義學術研究基金、能源研究發展基金、平衡省市預算基金、中央公教人員福利互助基金、警察人員安全濟助基金、海關養老基金、中法教育基金、接受捐贈獎學基金、外語教學基金、出版基金、醫學研究計畫發展基金、臺灣醫學研究計畫－充實醫學院圖書設備基金、醫學院一般院務發展基金、資助醫學院教師出國進修研究基金、社會服務基金、腎臟研究基金、清華基金、留本基金(獎學基金)、食品加工技術訓練研究基金、華僑捐贈各項獎學基金、莊守耕公益基金、玉米基金、慕華尿素肥料基金。

　　非營業型基金每年的歲出、歲入也有相當規模，其佔中央政府總歲出歲入的比重亦不小。就以1988年度的中央政府預算而言，這些非營業性的特種基金總歲出高達662億元，佔總預算的13.8％。至於這麼龐大的特種基金的運用與監督，在社會上根本無從評估其效率與必要性，已形成政府弄權舞弊的經濟死角。

公營事業的轉投資

　　轉投資是政府經濟力介入民營企業的一種方式，政府可以透過政府本身投資，也可以透過公營事業投資。政府及公營事業投資民營企業的情形，資料取得不易。在此，僅就國營事業投資民營企業的資金以及投資比率的情形說

明(不含省市、縣市政府公營部分)，以大致瞭解政府控制民營企業之一、二。

現行臺灣的國營事業參加民營企業投資的情形，根據1988年度中央政府預算顯示，國營事業共計投資民營企業45家之多，總投資餘額為44億元，平均佔全部股本額的比重為20.5％，個別轉投資佔這些民營企業的股本，分別在2~45％之間。公營事業以其本身龐大的資產規模，在政府政策庇護下，轉投資深入各行各業，包括證券交易所、票券金融公司、證券投資信託公司、租賃公司、保險公司、飼料公司、石化公司、化工公司、電機製造公司、電信公司、電子公司、貿易公司、貨櫃運輸公司路、航業公司、電影公司、建築經理公司、工程顧問公司等等，透過行政參與，政府已經構成龐大的經濟實體。

值得我們關心的是，四十年來的主政者從來沒有更替過，致使執政的中國國民黨從容利用執政之便，充分掌握國家經濟力量。

結論：揚棄控制經濟的體質

綜合前述四十年來，臺灣在主政者經濟戒嚴下所做的層層管制，在總財富、總投資、總生產、國民總生產構成、國民所得分配、經濟資源控制、徵用金融資金方面的支配力，以及透過公營事業、基金、轉投資的控制，再加上經濟法規制定權與行政裁量執行權的重兵利器，已使政府以此強權控制了整個臺灣經濟的市場分割權，支配了所

有資源的分派權，並壟斷了市場經營的獨占權，使臺灣經濟導向控制型經濟本質的程度，亦長期居高不下。

　　面對這種政府絕對強勢，臺灣自由市場的經濟力已經是微弱不堪一擊。在此，我們願意提醒政府當局：政府的經濟職責，是創造一個自由競爭的秩序，目的應在維持使競爭得以正常運作下去；而所謂「有秩序的競爭」不宜僅是限制競爭效率的藉口，政府當局不應隨意藉口保護市場競爭而實質殘傷自由經濟。

　　如果說，人們奮鬥為了經濟自由，但卻必須付出更多限制經濟的代價，那麼，還有什麼經濟自由的理想可言？

　　因此，我們認為，臺灣必須大幅降低經濟控制之程度，大力拋開各種對民間之經濟束縛，以邁向真正之自由經濟社會。[9]

9　臺灣經濟終歸邁向自由化的世界潮流，時間大約慢了十年。在本文揭起控訴臺灣的經濟體質乃控制經濟之論述之後，除了作者繼續運用三任立法委員問政優勢，不斷在這方面著力，迫使中國國民黨執政當局逐漸加速釋出解除管制之政策與作為，這期間，學界朋友亦大力針對這個主題出擊。其中，以澄社最具威力，由陳師孟、林忠正，朱敬一、張清溪、施俊吉、劉錦添等六人合著的《解構黨國資本主義：論臺灣官營事業之民營化》（澄社報告，1991年9月）即是經典之作。

號角響起

【五場演講】

鼓吹
改革政經體制高調

體制調整是改革的必要，共產主義是戰爭
經濟的產物，除非革命，臺灣應該貫徹體
制改革，尤其需從改革經濟體制開始。

演講之一 ◆ 經濟與臺灣人運動關係剖析
時間：1988年7月20日　地點：日本東京
主辦：FAPA日本分會

演講之二 ◆ 臺灣美麗新社會
時間：1989年8月12日　地點：高雄
主辦：世界臺灣同鄉會

演講之三 ◆ 經濟與臺灣前途
時間：1989年　　　　地點：臺北
主辦：新文化教室

演講之四 ◆ 檢視臺灣經濟社會發展
時間：1990年9月2日　地點：臺北
主辦：林本源中華文化教育基金會

演講之五 ◆ 經濟的人生、文化與哲學
時間：1995年　　　　地點：臺北
主辦：國父紀念館

經濟與臺灣人運動
關係剖析

1988

經濟與臺灣人運動關係剖析[1]

臺灣人的反對運動進行四十年，何以遲遲未能成功？

民主運動如何突破經濟壓抑環境？

為什麼重點要由經濟切入來推展臺灣的民主運動？

臺灣人運動的新階段已進入運用經濟以配合政治運動的時刻。

前言

很榮幸有機會到日本東京和大家見面，很謝謝FAPA日本分會負責同仁的幫助。從FAPA日本分會工作人員的工作概況，讓我深切的感受到身為臺灣人，欲從事反對運動實在不容易。今天，大家共聚一堂來瞭解臺灣的經濟問題，這對臺灣的反對運動具有相當鼓勵作用。

做為一位臺灣反對運動的支持者，或者是參與者，大家更應關切現實生活問題。理想畢竟是目標，反對運動若

1　本文係作者於1988年7月20日於FAPA日本分會東京舉辦之專題演講內容。錄音紀錄稿係由現今法鼓山果賢法師於出家前擔任國會助理時所整理。全文經作者修正文字及添加標題。

光只是喊理想，而忽略了現實人民的生存，那這個運動必然無法成功。也就是說現階段，不管是中國國民黨或是追求臺灣人理想的黨外或其他政黨，大家對臺灣經濟問題的關心程度都有待加強。

大家知道，每個人都在為自己的生活而忙碌，理想是生活追求的目標，當現實生活依賴執政黨的需要重於反對運動的理想時，本質上，表示反對運動目標的環境尚未成熟。所以，今天大家齊聚在這裡關心故鄉臺灣的經濟問題是很可喜的現象，但我仍然期待大家要更關心、更熱情來討論臺灣經濟問題，畢竟我們離反對運動的理想尚有一段距離。

很高興，FAPA巴西分會會長今天也來到東京共同參與，讓我們感到全球各地有那麼多人在關心臺灣，可見大家在追求理想上相當一致。

在此我先說明，有關臺灣經濟良好的一面，由於大家很容易在國內主要報紙如中央日報、聯合報…等看到，所以，今天我就不特別強調。但經濟並非如報紙所言那麼單純，尤其臺灣的經濟問題相當複雜，絕非短時間所能說明清楚，所以今天，我僅針對臺灣經濟發展碰到什麼問題來談，這些問題就是反對運動要去把握的地方。

臺灣經濟發展的特徵

回顧過去，臺灣經濟發展有兩個方面的特點：地理特性及政策特性。這兩方面的特點，已對臺灣經濟發展產生

障礙。

第一、在地理特性方面

　　臺灣屬海島型經濟，天然資源相對較少，所以必須以出口為導向來帶動臺灣的經濟發展。也就是說，欲養活住在三萬六千平方公里上的二千萬人民，只利用臺灣本島的資源是不可能的。臺灣要有發展，必須發展出口經濟。但在這方面而言，臺灣經濟發展已出現偏態與結構性的問題。

偏態發展現象：偏重美日市場、農工失衡

　　「一切為出口」的經濟政策，促成了臺灣的經濟奇蹟，在政治上也經常被中國國民黨來做宣傳。然而，以出口為導向的經濟政策已產生了一個問題：臺灣對外過度依賴。臺灣貿易市場偏重美、日。臺灣的對外貿易總額已超過GNP總額的一半以上，尤其，對美、日兩國的貿易依賴已超過總貿易額的三分之二。對美國的貿易依賴之重，有一說法：美國打一個噴嚏，臺灣會跟著傷風感冒。也由於貿易對美國依賴太大，所以，美國就能要求中國國民黨在政策上配合以達到美國方面的要求。[2]

　　其次，由於臺灣海島型地理特點造成對外依賴大，其

2　臺灣這種依賴經濟的偏態發展，至21世紀第一個10年代，市場偏重已由過去對美國之高度依賴，經改變為對中國之高度依賴。這個轉變，甚具政治意義，值得研究。

中在進口方面，由日本進口的機械等物質佔總進口額的三分之一，而從美國進口的也將近20%，這兩國合計的進口額已超過臺灣總進口額的一半以上；表示這兩個國家的重大政策，會影響未來臺灣的發展。

由於美、日兩國的國家政策牽引著臺灣的執政當局，勢必要看兩國的面子及其要求；而配合發展臺灣經濟所以造成臺灣經濟的偏態發展，亦即產生不平衡發展經濟。最明顯的是農工業政策的不平衡，比重上則偏向出口依賴的經濟型態。當局配合美、日的要求，已出現拿臺灣農民權益當貢品，因而喚起農民意識的覺醒，造成農民運動，而有反帝、反美、反日的民族主義傾向。

中國國民黨開放許多農產品進口項目，大大影響臺灣農業的發展，但在工業政策方面卻又積極採取各項保護政策，保護部份既定資本企業，在政治經濟上造成與中國國民黨當權派有勾結的資本財團興起，例如汽車工業、石化工業、水泥工業、服務業等。總之，由於美國的壓力，所以臺灣農業被迫轉型開發，而工業卻相對採保護措施形成特權。這是臺灣海島型經濟及政策偏差所產生的農工失衡發展問題。

外匯累積遽增，深化偏態

由以上可知，臺灣由於地理上的經濟特性，發展必須以出口為導向，但若進口的數額跟不上出口，在外匯管制之下必會累積大量的外匯存底。最近五、六年來，臺灣經濟被探討的一個重大問題就是：臺灣已累積了750億美

元的外匯。小小臺灣擁有這麼龐大的外匯存量，是否恰當？[3] 也引起很多人民關心。但是，執政當局爲了政權控制的需要，累積愈來愈多的外匯思維，因此，愈加造成偏態發展的深化現象。

以上是由於地理經濟特性所造成的貿易偏重美、日市場，農工失衡發展和外匯大量的累積等偏態現象，也造成社會、經濟結構性問題。當社會若發生結構性問題，那就是政治需要改革的時刻。

結構性問題的產生

前面所指出臺灣抑農揚工，對美、日市場過分依賴的結構問題，是不是還要如此繼續發展下去？而如何降低對美日的依賴，是否應發展到其他第三國？這就必須要有人大膽明確的提出結構性改革的要求。這些調整，牽涉到中國國民黨執政當局是否願意去調整？以及是否有能力去調

---

3 由於臺灣長期外匯管制，所以，所有出口所賺取之外匯必須結售予中央銀行，以換取相對等值之新臺幣；因此，若沒有適當資金出路（投資運用），因出口所釋放出之新臺幣將造成物價上漲之壓力，影響再出口。故累積過多之外匯，即會影響國內經濟。長久以來實施的外匯管制，一直到1978年8月，開辦美元遠期外匯業務； 1979實施機動匯率制度並建立外匯市場，外匯的持有以及運用的限制才漸漸放寬。1979年2月，外匯制度由固定匯率制度改採機動匯率制度。而爲配合外匯市場操作需要，1980年准許出口商出口所獲外匯或匯入匯款，不必立即結售給外匯指定銀行，可以開立外匯存款帳戶，靈活運用。1987年3月，再放寬無形貿易支出之外匯管制，由許可制改爲申報制。1987年6月《外匯管理條例》再度修正公布，7月15日全面放寬外匯管制，自此民間得自由持有及運用外匯，有形與無形貿易之外匯收支完全自由。在臺灣解除外匯管制後的1990年代，外匯過量問題舒緩。

整？

其次，外匯累積過多所引發最大的結構性問題，就是信心危機問題。

曾經有人要求拿出部份外匯，來從事「經濟升級」的工作。臺灣的產業結構要改善，技術要升級，這些問題，中國國民黨執政當局亦如此提出訴求。但要改善臺灣的產業結構，提升臺灣的經濟水準，這些目標必須依賴先進國家的技術；也就是說，我們必須進口臺灣目前無法達到的技術，引進先進的企業管理、電腦和科技，這些都需要大量資金。臺灣可運用現有的外匯來交易，但中國國民黨卻因另有其他考慮而繼續累積更多的外匯。因此，人民開始懷疑，中國國民黨決意擁有大量外匯，卻不用來實現改善經濟結構的目標與諾言，因而有人質問是否執政的中國國民黨要將這筆龐大的外匯預留做為未來的「跑路費」呢？

這是個很可怕的想法，但這個想法也普遍存在臺灣人民的心中。一個政府讓人民懷疑其執政所訂定的目標時，表示這個政府已面臨很大的危機。

因外匯累積過多所造成的信心危機，用歷史觀點來看，中國國民黨過去亦有記錄：挾其龐大的外匯(黃金)做不時之需的跑路費——1949撤退大陸到臺灣。由於歷史斑斑，又是同一個執政黨，如此難免讓臺灣人民害怕歷史重演，而令血汗錢盡失。鑑於過去歷史的教訓，臺灣人民亦恐怕有天中國國民黨「浪港」放棄臺灣時，又把這筆錢納為少數人的私產。所以，臺灣人民會關心為數龐大的外匯是極其自然的，但卻普遍存在有信心不足的問題。例如，

目前外匯是存在那些銀行？又是存在什麼人的名下？是否只要少數二、三人簽名即可動支提現呢？諸如此類，臺灣人民對外匯之持有之眞相不明，中國國民黨又忌諱深深，因此眾說紛紜，故而有信心危機問題。這是一個相當大而一般人民卻無法過問的問題。[4]

第二、在政策特性方面

過去中國國民黨在臺灣的基本國策，口號是「一年準備、二年反攻、三年掃蕩、五年成功」。1949年，中國國民黨撤退到臺灣，宣稱是「轉進」來臺，何謂「轉進」？評論家李敖的講法，就是「向後轉前進」。心態上，中國國民黨是要將臺灣建設成爲一個反攻大陸的基地；根本上並非將臺灣視爲一個「同生死、共存亡」的土地，基此，臺灣只是個反攻大陸的跳板。也由於這個國策，所以在1950年代初期，國家中央政府總預算竟有90%是用在國防上；也就是說，大多數的稅收用在養兵，用在從大陸「轉進」到臺灣的軍人方面，許多的資源都用在國防上。

基本國策本來預定「五年成功」，但中國國民黨所開的這第一張國策支票並沒有兌現。通常，商業支票若跳票三次即變成拒絕往來戶。而因爲基本國策預定「五年成功」的時間，所以，很多大陸來臺的軍人，大都只做短期

4　有關外匯之行政管理概由中央銀行執行，由於臺灣長期政治的一黨專制，社會之間常有族群對立的矛盾空間，因而存在一些政治性的質疑問題，外匯管理即是例證。作者於立委任內曾以立院財政委員會監督立場赴央行視察，象徵性地排除國人部分的疑惑。

打算，他們不敢在臺灣娶妻生子，更不會去買房子做落地生根的想法。

等待五年時間一到，這張「五年成功」的基本國策本支票無法兌現，中國國民黨則又改口號為「十年生聚、十年教訓」，舉句踐復國的例子，要全國人民在此地勤儉努力十年，檢討十年。如此一來，時間一天天地過去，總共花了二十五年時間，到1970年代中期，中國國民黨依然沒有兌現這第二張支票。在這二十年期間，臺灣依然將大半的資源用在「反攻大陸」的目標上。

第三階段，基本國策則再改為「爭一時，也爭千秋」。本來「反攻大陸」是項非常積極性的國家目標工作，但1970年代中期之後，基本國策修改為「光復大陸」。所謂光復，即寄託於中國大陸人民自己來推翻中共政權，再由中國國民黨去接收光復。換句話說，自1970年代中期以後，中國國民黨才決心開始把治國的重心放在臺灣本土上。反攻大陸已無可能，隨時代環境的變化，基本的國家政策也調變為歷史的「爭千秋」上。一個人的生命歲數有限，頂多一百歲，如今，國策的目標卻要讓子子孫孫去完成任務了。可見中國國民黨的施政國策已由積極轉為消極了！

當今1980年代末，現階段高喊的口號則是「三民主義統一中國」，意味著只要中國大陸上實施三民主義，即是自然統一。中國國民黨到今天，仍然想以這個說法，來逼使臺灣人民接受這個無法兌現的國家政策目標，而服從其繼續領導。

　　就基本國家政策的目標與經濟資源的運用而言，中國國民黨訂定了臺灣的國家政策基調，如此一來，任何人對「基本國策」都不能有疑問，更不能去挑戰改變它；若有不同意見，則會被視為「叛亂」，叛亂之下當然有遭到「亂判」的下場。總之，在這樣的基本國策下，就經濟發展的意義，自然變成經濟資源集中分配的現象，造成壟斷的經濟，形成集中的「黨國資金，以控制臺灣」的經濟體系。因此，我們稱臺灣的經濟實為「控制」經濟體系。

　　臺灣在這樣的政經關係發展下的經濟控制體系，所謂經濟，其實就變成非常單純的「經濟就是生活」。人民為了生活，必須有經濟活動，大家為了最基本的生活問題，就拼命工作賺錢，而無法全心投入追求臺灣人民幸福的目標，更沒有多餘時候去深入瞭解臺灣的經濟體制、政治體制。事實上，這才應該是掌握臺灣人反對運動的目標！相同的，中國國民黨也正利用此點，而將所有的經濟資源控制在自己政權手中。所以，臺灣反對運動無法順利成功的原因也在這裡，就是幾乎所有的臺灣人都勞勞碌碌在為自身的生活忙碌不堪。

政經管控影響未來發展

　　我要強調，臺灣的經濟問題影響政治問題，而經濟問題則在政治特定基本國策管控下，如此又產生了非常特殊的經濟問題。

　　這是很複雜的政經課題。臺灣的經濟發展，絕非單純

的經濟問題，它同時是政經體制問題，是社會文化問題，是教育問題，也是政治問題。臺灣的經濟若要進一步升級發展，既有的體制都必須革新調整，如此，臺灣的經濟才能發展到更高的層次。

臺灣的經濟體質目前尚未發展到先進國家的水準。雖然，今天臺灣擁有750億美元的外匯存底，外國人亦認爲臺灣是富有的人民；但一旦進入臺灣，就會發現臺灣其實是一個「有錢人中的窮人」。有錢是政府把錢存在國外，但島內的交通卻是落伍的，人民享受到的是嚴重的環境污染和地利剝削，例如，臺灣的河川有90%遭到污染，已無魚了；我們所看到的河水，很多不是黑色就是咖啡色。這種現象，豈是一個有錢國家的人民所享受到的生活環境？

由以上說明，大家應有所瞭解，臺灣因特殊的國家政策目標所衍生的經濟政策，造成了控制型經濟體系，影響到未來經濟發展問題。這些影響因素，我歸納爲以下三方面來說明。

一、經濟壟斷

當前整個臺灣經濟，可以說是一個經濟壟斷體。

就經濟理論，我們不能稱臺灣爲獨占經濟。但嚴格來說，臺灣的經濟本質確是中國國民黨壟斷的獨占經濟體。故有人說，臺灣是個相當程度的獨占經濟，並不爲過。畢竟，臺灣在中國國民黨特定的國策目標下，所有的資源幾乎被約束住。臺灣經濟的確是個壟斷性的經濟體系，所謂壟斷性的經濟體系即是重要的資源掌握在少數人手中。臺

灣經濟體系如何被壟斷？依照劉進慶教授所用的名詞，
「產業高地」皆被壟斷。也由於中國國民黨掌控所有「產
業高地」，所以，各中下游的經濟力較小；因為擁有「產
業高地」的人，即有絕對的經濟影響力，中國國民黨控制
有水的上游源頭，所以，中下游必須要接受上游調控的影
響。

　　在臺灣，經濟壟斷包括：銀行、保險，尤其，新聞媒
體、電台等等產業，只要是能讓人民傳達意見的媒體，皆
控制在中國國民黨手中。又例如：電力、石油，甚至鹽、
糖等民生必需品，亦掌握在其手中。交通運輸產業雖有民
營機構，但卻是「開放」給中國國民黨黨營或其支持者經
營，而全民性的交通事業，不管是在地上走的，空中飛
的，海上航行的，皆在中國國民黨的掌握之中，如公路、
鐵路、航空、航海公司；運輸業對經濟社會的影響力，就
如同身體血管之於人的影響，若稍一不暢通，馬上會有障
礙。其他，如石化工業亦掌握在中國國民黨手中，幾乎所
有重要的經濟產業，大皆控制在中國國民黨之手。臺灣的
經濟體系，幾乎是由中國國民黨一個黨就可完全壟斷的經
濟。[5]

　　以經濟理論言，只要是壟斷性的經濟體系，即很難達
到先進國家的經濟效率標準。在先進國家的經濟體系中，

5　這些經濟壟斷現象，問題根源皆出自政治上的一黨專政，尤其，造成民主政
　　治甚是不健全，更助長經濟體系黨國化的情況。1990年代，臺灣經濟逐漸自
　　由化，經濟鬆綁，於是民間經濟力量遂見活潑蓬勃。

人民為賺取更多錢，在機制上，會有一個追求利潤的動機，但在壟斷性經濟體系中，追求利潤並不是主要的動機。中國大陸之所以落後，基本上在於經濟完全沒有「利潤的動機」。

目前，臺灣有五十多家公營機構，總共掌控有臺灣多少資源呢？根據統計，臺灣的前五百大(Top 500)民營企業總共掌控有的經濟資源，只不過是中國國民黨政權體系下公營事業機構所掌控有的十二分之一而已。雖然說臺灣有許許多多民營的大、中小企業，但這些大、中小企業的影響力，卻是微乎其微。基本上，這些大大小小的大、中小企業是接受領導的，他們無法改變政策。所以，臺灣民營的大、中小企業根本就是弱者，控制權是掌握在中國國民黨政權手中。

二、 經濟壓抑

經濟壓抑與經濟壟斷有密切關係。臺灣經濟有那方面被壓抑呢？主要在資金與稅制方面。

臺灣中小企業經營活動的自有資金一向偏低，必須仰賴外部資金融通，但一般銀行是否願意貸款予中小企業呢？臺灣企業結構中有98%以上是中小企業，而一般中小企業平均每家的自有資金比重約占該企業的總資金的三成，另外的七成資金則是外來資金，必須透過銀行的貸款取得。而目前臺灣的銀行業，則絕大部分是屬於公營銀行，這些銀行資金的運用流向也被中國國民黨政權所控制，換句話說，銀行資金的融通分配權是掌握在中國國民

黨手中。

　　因此，臺灣就有很多得不到銀行資金融通的中小企業必須向地下錢莊借錢、標會，或向親友調度，而由這些管道取得的資金成本，都是利息較高者，通常銀行利息爲一分時，地下錢莊則是三分息以上，所以，臺灣中小企業的經營成本較高。而在這樣經營困難的條件下，尚能發展得如此好，實在不容易。設若，中小企業面對的不是金融管制、不是壓制的經濟，相信中小企業的經營發展會更好。

　　臺灣除了金融壓抑外，還有稅負的壓抑。臺灣的稅制存在有許多重複課稅的現象，因此，很多企業爲了做生意，往往需與中國國民黨政權勾結，才能逃稅以節省經營成本；相反的若企業支持民主進步黨，則經常會遭到稅捐機關的查帳待遇，讓企業困擾不已。因此，一般企業較少拿資金去支持民主進步黨。

三、特權介入

　　在臺灣，暫撇開政治特權不說，光是經濟特權即無孔不入。只要是當權的中國國民黨、中國青年反共救國團的人，就可以透過黨團的關係，即能享受到較多的經濟特權。如果你是中國國民黨或救國團的要員，那麼，你對經濟資源的運用就更容易，比別人的條件更好。中國國民黨、救國團在臺灣的活動，包括政治、經濟、社會、文化等方面，對經濟利益的運用與掠取，無一不是籠罩在黨團的特權之下。

　　第二個特權，是行政特權。中國國民黨透過執政的方

便，制訂各項行政政策，例如，在經濟方面，包括金融政策、貿易政策、工業政策，一些有關經濟資源運用的政策訂定，都是以穩固中國國民黨政權爲首要目標，而不是眞的努力在社會公平正義，以如何使臺灣人民更幸福爲優先考慮。

第三個特權，是「民意」監督權。中國國民黨利用「民意」監督的形式民主機制控制臺灣的經濟。中國國民黨長期安排國會不必改選，將民意機構控制在自己政黨手中，形式透過「民意」監督權配合，實質影響行政權決策。那些四十年不必改選的資深老民代，「舉手」就能影響政策及資源分配方向，而那些「民意」代表亦能分配到一些資源。當前的臺灣，不管是中央或地方的民代，都可以影響行政官員來配合自身所經營的事業，或是炒地皮…等圖利本身的特權行爲，特別是位居中國國民黨的要職尤甚。

這三個特權，若無法將它打破，那所謂的經濟公平、社會正義，都只是空談。[6]

對臺灣人反對運動的省思

由於臺灣實行經濟壓抑，使得反對運動無法順利推

6　同註5，自1990年代經濟自由化，並活化了社會力量，包括對民主政治之發展。故對當時存在有關經濟公平、社會正義等社會進步之障礙，皆有相當明顯之改善。

動，因為資金不夠充裕。這就是經濟壓制影響到政治發展的例證。這種情形，在日本從事臺灣人運動亦是相同，例如FAPA日本分會的七位理事，也都要運用自己的金錢、時間做事。這些現象告訴我們，經濟資源控制在外來政權領導者的手中，而這些領導者卻對臺灣這塊土地沒有認同感，那麼，反對運動可否順利成功，則是可以想像的。

在這種經濟壓抑的環境下，臺灣民主的反對運動要如何突破這些現象？我想，當前只有大家犧牲部分個人的利益，才能累積實力。但是，大部分的人們卻不認為臺灣的反對運動是大眾的事，很多人認為政治是別人的事，這種心態造成臺灣四十年反對運動無法成功。而海外的臺灣人運動亦已發展三十多年，迄今仍然無法進一步突破。特別在日本，臺灣民主運動在中國國民黨尚未轉進臺灣之前就早已展開，但是迄今亦已超過四十年了，依然仍無法成功，這是為何呢？這也就是我們應該深思的問題。

大家如果認同自己是臺灣人，那就應去思考為何臺灣人的反對運動進行四十年了還沒有成功？我認為，大家應該優先犧牲一點自己的權利、機會，多多為大體著想，相信如此才較容易達到我們的目標。人的一生很短，若年紀過四、五十歲而局面仍然無法突破，則不管是對整體臺灣人的反動運動或是對個人人生的意義而言，已經面對必須改變的時刻，因為，如果無法再去突破較高人生價值，那就必須著手改變努力目標亦或實現的方法。

雖然我們能由經濟問題來瞭解臺灣的未來，但是，我們並不能不去管政治，就可以改善我們的經濟問題或生活

問題，特別是臺灣的未來問題。通常，在一個正常健全的國家，人民是可以不用去過問政治的。例如在美國，很多美國人不管是共和黨或民主黨當選總統，對其個人影響不是很大。因此，他們可以不用去投票，而國家社會仍然不會變壞，因為，在制度正常之下，不管誰做總統，自然都要為人民努力。但是，相對的，在我們臺灣，情況絕對不是如此。

今天，身在海外的臺灣人追求臺灣人運動的目標，大都也是必須要在個人生活條件滿足前提下，才有餘力去追求實現目標。也就是說，臺灣人離鄉背井，浪跡海外，眼前最重要的事自然是自身生活優先改善，然後行有餘力，才致力運動的推展。今天，在座各位能遠離臺灣到海外，都是具有相當好的條件，個個不是智慧高、就是理想遠，也有為追求更好的生活環境才到海外；但就某個角度來看，這亦可以說中國國民黨有意設計安排的局面。中國國民黨樂見將大部分第一流人才分送到海外，離開臺灣不要回來，而將第二、三流的人留在臺灣，讓在島內的人相對較無影響力。而第一流的人身在海外，找不到中國國民黨，目標較不易接觸。因為，中國國民黨已遠在天邊，並不是近在眼前。更何況，臺灣人在海外，生活不易，必須非常努力關注於生活上的大奮鬥。試看，臺灣在美國的第一代留學生，努力了二十多年，在美國才有自己的房子，子女也上大學，但他們的生活已經美國化，與臺灣已有相當差距；而臺灣人反對運動的意識對在美第二代而言，也就變得較模糊不清。而且，這些孩子雖然長大，但卻已西

化；雖說有些人有意等待到臺灣整體環境變得較好的時候舉家回臺，但是漸漸地，終受子女因素的影響而落根定居他鄉。

今天，我們稍做檢討海外臺灣人運動，很容易看到在海外投入運動的臺灣人團體，在招收成員時，往往有些臺灣鄉親會說等小孩稍為長大時再來參與運動，我以為這就是「階段論的迷思」，亦即「等以後再說」的講法。其實，島內的情形也是如此。因為許多地方的人普遍存有這種觀念，所以，臺灣人運動實在不容易成功。追根究底，為何不容易成功？基本上言，就是經濟無法改善。

因此，甚至有人說，等賺多點錢再來參與。但是，人在追求金錢的目標，時間是會有不同的認定標準，通常，人不會滿足任何一個數字，有了這個數字，還會要求更多的數字，這是人性的特點。人都是在滿足自我之後，才會想去貢獻實踐理想。

臺灣人的反對運動無法像以色列、過去的日本，人民先放棄、擱置自身的利益，集體投入，在階段中達到目標，之後再談個人利益。現今臺灣人反對運動，無論島內、海外，大都是以個體設定目標分段進行，而較少以總體宏觀設定目標共同一致進行。簡單說，個別的分階段論之後，即已無法成功。今天，我們雖然已經看到臺灣第一個本土政黨——民主進步黨成立，臺灣人反動運動在海外集聚的力量下，也一日一日的進步，但是，個體階段性的心態若沒有明顯調整改變，相信臺灣的民主運動要成功也沒有那麼快。也就是說，要中國國民黨下臺，也沒有那麼

快。所以，大家要深深了解，我們的責任到底在那裡？我要提醒大家，確實由經濟問題的切入，應該是臺灣民主運動推展的重點！

由以上經濟特點的探討，使得臺灣未來的經濟發展產生很大的障礙，甚至影響到政治改革、臺灣民主運動，同時更影響建立一個新而獨立國家等的臺灣人運動理想目標，都是一大困難。

當前臺灣的重大經濟問題在那裡？我以為，這些問題都會對未來臺灣發展產生危機，我們如果不努力來打破這些威脅、解決這些問題，那麼，臺灣的反對運動也好，民主運動也好，都是絕不會那麼順利的。我們面對著這麼重大的經濟問題，都留在走向臺灣人運動目標的潮流中，必須去處理解決。

我隱約看到，除了以上探討臺灣經濟發展下衍生的幾個特點產物之外，還有那些重大問題呢？我歸納有三個方面將在下面說明。我認為這三方面將可能造成臺灣未來發展的危機，也可能會造成臺灣尋求正常方法追求民主先進的危機。我時常提醒，經濟是社會、政治等整體運動的基層。經濟正常，社會亦會正常，文化、教育亦會正常；而我們所最關心、也是整體運動最關鍵的政治，其與經濟的關係是：當經濟不正常、社會不正常時，政治絕對不會是正常的。

政治本應指導經濟，讓經濟在健全體制下正常運行。但今天的中國國民黨卻是用政治來控制經濟，用經濟來控制反動運動的發展基礎。

　　看清了問題的癥結，所以，包括反動黨的在內的所有反對運動團體應該重視經濟問題，應該有能力處理經濟問題。換句話說，在臺灣既有的經濟資源中，是否能夠多分配一些資源來支持反動運動？目前臺灣社會，有些人捐款一、二萬元給反對運動運用，就即自認為很心安，自認為對臺灣已有盡力了，但就整體反動運動所能拿到的經濟資源則實在少之又少。在此情形下，反動運動者能夠影響社會的是什麼，是不是唯有用「道德性的說服」，亦即用曉以大義的方式，強調臺灣人應該愛臺灣這塊土地，所以要支持臺灣人運動？但是，這部份的影響卻是有限的，用理性理念來號召，畢竟只限於社會上少數屬於較有思想、有理念深度的一群人。我以為，臺灣人運動發展到現在，尤其，反動運動已經到了非從經濟面解決不可的階段了。

　　今天，我個人有幸來到東京，有機會向大家說明並分析反對運動中經濟條件的重要性。我們很清楚的看到，海外臺灣同鄉大多為了生活問題而忙碌著，今又為了臺灣人運動的神聖目標需要支持，讓人頗有腳步沉重之感。我曾走過海外各地，不論是在美國、日本、或歐洲，令人感受到每個當地生活環境，即使海外的臺灣同胞忙得不可開交，以致忽略了臺灣人運動在海外該如何有效推展，在這種機會場合，我每每期盼每一個臺灣同鄉能發揮個人的影響力，在了解問題後，盡量的去突破一些枝節。由於中國國民黨的力量畢竟無法完全涵蓋臺灣所有問題，只要我們在每一個有臺灣人的角落，能夠不斷漸進的去突破，相信仍舊獨裁專制的中國國民黨政權亦有力有未逮的一天。

我們相信，將所有不合理的制度，讓人民一點一點的去認識，人民力量自然會跑向我們這邊。中國國民黨政權雖然管控臺灣的經濟基礎，但如若不去改善體質，調整體制，那終究會面對全盤崩潰。由於我長期學習經濟，我真的很盼望大家能瞭解臺灣發展的現狀；尤其是生活現狀，也就是經濟現狀，更需要去深入瞭解。因為，臺灣人運動已經進入到這個階段，必須運用經濟運動來配合政治運動，以達到我們要追求的目標。

當前臺灣重大經濟問題

現在，我稍多用一點時間，就影響臺灣當前重大的經濟問題，主要歸納為以下三方面來說明，供大家參考。這三方面的問題，隱然已對臺灣未來經濟再發展埋下危機。

一、信心危機問題

目前，臺灣一般百姓大眾，對臺灣的政府及政策存有信心危機，對未來社會發展有信心危機，對整個社會結構更無信心。社會出現信心危機是相當嚴重的問題。這三個信心危機，將決定臺灣經濟發展是否會更好，或是會更壞？又如何去改善？都已使得大家存有懷疑。也就是說，臺灣經濟的再發展，已經產生一個不確定因素的環境。

例如，影響貿易的匯率到底會停在那裡？金錢遊戲要角的股價指數會往什麼方向變動？因為變數相當多，一般民眾不易掌握變動的因素，若再加上民眾社會之心理因

素，臺灣的經濟趨勢將更無法去做明確判斷。目前臺灣資金太多，由於無適當而充分的投資管道，因而，股價指數不斷上升，房地產漲幅很大；這些經濟現象，反映顯示臺灣資金過剩，投資管道不足的問題。這種情形，通常會有投機行為出現，聰智力較高者，會去玩股票，投資房地產；而相對教育水平較低者，則不是把股市當賭場，就是去玩「大家樂」。因此，大家可以看到臺灣對股市投機，尤其對民間「大家樂」蔚為風潮，幾乎達全島瘋狂之境；也造成正常經濟產業員工無心上班，社會充斥一夕致富的投機心理；全臺各地一片追求「明牌」，甚且，很多民眾認為電腦作業有作弊；事實上，所謂「省議員牌」、「立委牌」、「總統府牌」…紛紛出籠，更加深了民眾對有關當局有作弊的心理認知，而造成1987年底全國性選舉期間，全島熱烈討論「大家樂」空前奇特的社會景觀，在政經史上，確為罕見。是故，當時在臺灣就流行一句話：「日本倒，生虱母；國民黨倒，大家樂。」「大家樂」在社會風氣上對中國國民黨政權曾造成很大的威脅，但反對運動並未從經濟切入匯集加以運用，以致錯失機先，甚是可惜。

在經濟上，為何資金過多無出路？因為，外匯不斷累積，而在臺灣實施外匯管制下，出口商為臺灣經濟打拼，但卻無法直接持有外匯美元，必須透過中央銀行(指定外匯銀行)取得新臺幣流通。依國家的新臺幣發行體制，臺灣擁有750億美元的外匯存底，就要相對發行相當數量的新臺幣在社會流通，若以1美元兌38元新臺幣，則計釋放出2兆

8千多億的新臺幣數額。就貨幣經濟理論，貨幣供給量愈多，將愈容易發生物價膨脹。過去的歷史紀錄，中國國民黨政權會撤退到臺灣，確有相當程度的經濟理由，乃是由於貨幣供給量控制不好，而出現相當嚴重的物價膨脹問題。

時到今天，臺灣經濟不斷成長，由於出口持續增加，如果外匯管控不調整，將造成臺灣經濟的貨幣供給量相對增加；目前，這項增加的速度已經破歷史紀錄。在過去，臺灣經濟發展最好時，貨幣供給量的年增率約為20～30％；但到最近兩年，貨幣供給量的年增率甚至已達到50％的地步。以經濟理論來說，這是物價膨脹的前兆。中國國民黨執政當局亦相當注意，所以就推出經濟招數：不斷發行各種債券、儲蓄券、定期存單，期能將社會過量的資金吸納到金融機構。出現這種情形，在政治上說，如果萬一政權不穩，如果中國國民黨那天像過去一樣棄離大陸而放棄臺灣，那麼，大家長期努力打拼經濟而累積的外匯所換得的金融財富，也就是人民所握擁有一張張的金融憑證，將像廢紙一樣沒有價值。那麼，臺灣人民所損失的，將不僅是750億美元的外匯存底，還有包括我們所持有的各項金融財產。所以，在政治上，我們要防止臺灣被拋棄；在經濟上，我們要防止打拼的成果被稀釋掉。

以上就是說明，臺灣外匯累積過多而因經濟體制未調整改革，以致造成中國國民黨為穩定社會，唯有操作特定的經濟政策，以防止物價膨脹的發生。

今天，臺灣民眾所持有的寬鬆資金，開始轉向投機性

的股市及民間「大家樂」，造成股價指數不斷的上升及全臺瘋狂的投入「大家樂」現象，究其源由，原因並不是各經濟產業賺錢，而是因部份受政府扶持之出口產業蓬勃，所累積大量外匯造成資金過剩而刺激社會投機風氣旺盛的結果。這也充分反映出社會民眾的信心危機問題。

在經濟而言，人民不把資金導向從事產業投資或再投資，而寧願將資金引向購買股票，這將促使產業衍生空洞化的問題。這就是投資意願低落的問題。

臺灣自1980年代以來，投資意願低迷，生意人喜好短期投資，崇尚投機回收快；今又適逢社會有信心危機問題，經濟社會初期會出現不確定因素，而諸多的不確定因素，對經濟判斷勢將更形複雜。當前臺灣正值有這些現象，值得密切注意。

我們再進一步探究臺灣的投資意願低迷，這絕非單純的經濟因素所造成。因為，儘管政府當局把利率降低至四十年來的最低點，或適用減稅刺激的經濟方法，來誘使增加投資意願，甚至利用訂定獎勵投資條例來吸引投資等等經濟手段；但是，投資增加依然效果不佳。當所有的經濟方法都無法解決問題時，很明顯的，那已經不是純粹的經濟問題了。

針對這些現象，許多經濟學家皆曾表示，臺灣的經濟問題並不是經濟因素的問題。的確，當前臺灣的經濟問題用非經濟因素來解釋，方向是正確的。有一些經濟學家早就論定當前臺灣的經濟問題即是政治問題；政治問題不解決，所以經濟無法發展。當前的政治問題在那裡？一位臺

大政治學教授即指出，現階段的政治問題，是中國國民黨不說實話。[7] 事實上，掌政當局在政治方面不僅僅不說實話，連整個政治體制都存在著許多障礙發展的因素，值得我們深入探討。總之，我們可以肯定的是，當前臺灣經濟的投資意願低落，已不再是單純的經濟因素所可解決。

我再用另一個經濟問題來印證臺灣存在信心危機問題的嚴重性。

目前，臺灣社會普遍存在有所謂「外匯過多」的看法。由於一般民眾對外匯並無太多認識，因此，政府持有多少的外匯存底，一般民眾便無適當的評斷標準。外匯是一種週轉金，究竟應該保留多少？通常是由一個國家的進口需要數額來決定。在正常的情況下，大約擁有三個月左右的周轉需要水平；比較保守的作法，則是持有六個月進口需要。反觀臺灣，目前，政府擁有27個月進口數額的外匯存底。這意謂著什麼呢？表示目前臺灣的外匯實力，在完全不再出口爭取外匯，光只有進口的情況下，臺灣尚有維持進口兩年三個月的支應能力。這同時也表示臺灣人民不懂得運用外匯於再生產，而只會存死錢。當存款的利息較低時，若能夠進行再投資，經濟情況將大大不同；放款亦是表現投資的一種方式。但臺灣卻將這一大筆錢放在國外，以極低、及不相稱的代價，提存國外讓他國人使用。

---

7 政治的誠信問題，在臺灣進入21世紀政黨輪替之後，就已不再只是中國國民黨一黨的問題，包括政治人物個人性格、選前之政見實現與否等，臺灣整個社會都需要嚴肅面對。

當臺灣需要外匯資金來改善經濟體質條件時，卻將資金存放在國外，這叫「流血輸出」，這就是外匯的不經濟運用。

但是，這種情形人民普遍卻不瞭解，反對黨或反動運動者也認識不清。由於擁有太多的美元外匯，去年中國國民黨政權接受美國的壓力，將新臺幣升值，臺灣竟損失了四千億的臺幣。大家想一想，臺灣的農保一年約只需30億臺幣，臺北首都地下鐵的興建亦僅需幾百億元，但卻都因資金被凍結海外而無法辦到，卻反而眼睜睜在美國壓力下白白浪費掉好幾千億元。暫毋論執政黨無能，同時不也反映反對黨為臺灣的監督能力是如何的不夠啊！這些臺灣人民辛勤打拼的血汗錢，不但不能適時造福臺灣百姓，還任其大量貶值流失。這種政權怎不叫人痛心疾首，而反對黨及反對運動在監督與國民福祉方面反應出對經濟認知的實力，又怎不叫人心驚、心急？

二、社會結構性問題

當前，臺灣經濟社會也出現複雜棘手的結構性問題，亦即社會組織發生問題。中國國民黨當局已無法控制臺灣經濟失序問題，例如街頭運動、自立救濟等。

近兩年來，中國國民黨當局出動了兩萬多人力，用來應付兩千多次的自力救濟事件，諸如農民、勞工、環保、榮民老兵…，紛紛走上街頭。臺灣經濟秩序的無法控制，亦表示社會的經濟結構是不合理的，它所面對的意義，對政府所推動的政策執行而言，當然是個挑戰──農民反

對農業政策，勞工反對勞工政策，環保人士反對發展政策⋯。

另外，臺灣正面對一個經濟發展下環境危機，反應出既存的各項體制、政策發展的結果，已無法讓人民覺得這樣的發展是正常的。我們看到眼前的臺灣社會，生活上到處充斥著污染，包括：噪音的污染、廢水的污染、廢棄物的污染、空氣的汙染、社會風氣的敗壞更是道德污染的源頭。

又另一方面，臺灣的青少年普遍沉迷於MTV，青壯年好逸惡勞，不願從事勞動活動，尤有甚者竟淪為偷盜搶劫之徒，少女崇尚享受則淪落從事賺錢容易的色情行業；社會各角落如雨後春筍林立的理容廳、MTV已公然走向公寓住宅區、文化區。可歎這批青年朋友，將來都是要承擔臺灣歷史使命的人，但今卻由於不合理的經濟結構，遂導致道德的淪喪，使得社會人心污染，不重視道德。

大家都很瞭解，要臺灣改造本就已相當不容易，如今又經過中國國民黨四十年專制的政經管控統治，而出現經濟社會相當程度的結構性問題，致使要改造這些深為複雜的政經社關係問題更形困難。但是，雖然如此，如果時間拖得愈長，臺灣現代化的問題也將會更多。

臺灣不斷追求經濟發展過程的另一個更棘手的汙染問題，是核能污染。由於核能污染影響的時間達一、兩千年，而一般民眾的核能知識卻又非常微薄；雖然，環保團體的反核能運動有其科學及經濟理論基礎，但是，一般民眾並不盡然支持反核運動。因為，大家都在為自己的生活

壓力而努力，尚沒有感受到這項污染是真正關係到未來臺灣全體人民子子孫孫的生存關鍵。

總之，對一個攸關臺灣未來的臺灣人運動者而言，當臺灣正面對一個經濟環境亟須全民覺醒去致力改善的時候，需要我們共同努力去推動，尤其，對支持反對黨的意義，所以更值得大家來思考這些問題。

三、制度調整問題

臺灣的經濟發展更帶來了面對制度調整的再發展問題。四十年的政經管控束縛，特定偏態的經濟發展，迄今，既有的政治、經濟、社會的制度正面對各種挑戰。由於這些方面的制度皆尚不健全，所以，基於發展需要，自然有人要向它挑戰。就舉經濟制度而言，臺灣在中國國民黨執政下制定了各項經濟策略、政策、法規，運轉了四十年，迄今已發生問題，無法因應未來發展需要；所以，經濟脫軌，秩序無法控制，導致臺灣地下經濟活絡，包括各項地下經濟、地下錢莊、地下投資公司…，都是體制無法因應社會需要的產物。

特別是最近地下投資公司的發展，更是綜合臺灣政治、經濟、社會等三方面的影響，其威力有如一顆巨型原子彈藏埋在地下，愈滾愈大，等待何時會爆炸，無法預知。這是臺灣非常大的經濟問題，影響政治，也影響社會，但卻極少人去瞭解，去轉化推動為社會、政治運動。顯然，反對黨對臺灣經濟的認知和重視，仍然甚為淺薄，亟待加強。地下投資公司高利吸收資金，儼然地下金融，

吸收了數千多億元的資金，投入到股票、房地產。頓時股市、不動產市場一片活絡；投入到中國大陸投資，興起大陸熱的政經敏感神經；熱錢所到之處，把臺灣的投機風氣帶到景氣過熱的假象。這是非常嚴重的大事。

由於臺灣政經嚴格管控下的經濟體系，造就了地下投資公司的龐然巨獸，其影響層面，將比過去「十信金融案」[8] 更大數十倍的威力。投入民眾辛苦累積財富，將幾乎化為烏有。其它地下經濟，尚有走私、地攤等問題，亦在中國國民黨當局無能管理之下，而愈形嚴重，影響文明進步。這些長期管控下產生的經濟怪物，在在影響社會。而身為關心臺灣，長期支持臺灣反對運動的臺灣同胞，能夠忽視其存在而不予以關心嗎？

結語：改革政經體制時候到了

最後，我要做一個總結：臺灣人運動走到今日，我們實在有必要盡速善用經濟問題，把臺灣社會所面對的生活問題，運用以配合政治運動的需要，而全面進入推展關切民眾生活社會層面的反對運動新階段。

這是政治結合經濟的新時代，政治經濟的世紀已經開

8　十信案係指1985年2月爆發的臺北市第十信用合作社金融舞弊案，不僅震撼經濟、政治甚至衝擊整個社會。弊端源於十信理事主席蔡辰洲假借所經營的關係企業國泰塑膠公司職工名義向十信貸取鉅款作為運用資金，導致十信週轉不靈。弊案暴發後發生擠兌風暴；影響所及，臺灣許多辦理職工存款吸收資金的企業也相繼發生擠兌風潮，導致整個政治社會受到重大衝擊。

始。大家如果還看不清這一點，那麼，我們的反對運動要成功達到理想，也很困難。我們不贊成用革命流血的方式來實現政治理想；不贊成臺灣人民付出流血的代價。我們的運動應該要掌握到經濟本質的政治問題，這樣才抓得住運動成功的核心。總之，臺灣的反對運動過程，經濟問題是非常重要的課題。

我要特別強調，反動運動的重點在那裡？在致力於制度調整的改革問題。而今天臺灣的經濟體制是受到政治運作的影響，所以，我們的經濟問題是「政治經濟問題」。

中國國民黨統治臺灣四十年了，我們要實現臺灣未來的生活能更美好，只有透過改革更合理更健全的政經體制才能達到。尤其，我們不能再運用臺灣過去三、四十年前落伍的制度規則來處理當前的問題；因為，這樣只是在表示我們沒有自知之明，當我們最需要的時候，往往為自己開錯了藥方。

讓我們大家一起努力，為臺灣前途打拚！謝謝大家。

臺灣美麗新社會

1989

臺灣美麗新社會[1]

臺灣社會發展，已經到達必須全盤改造的新階段；
新社會所面對的，是整個體制存在的阻礙。
臺灣人夢想中的社會，都與經濟有關；
臺灣新社會的實現，須先打破經濟控制。

改造臺灣新社會

臺灣社會發展迄今，已經到達一個必須全盤改造的新階段。

過去四十年來，臺灣經濟社會的進展有了初步的成就。然而，從國際比較的眼光來看，同樣歷經四十年的日本，何以能從戰敗國一躍而成為世界一流的先進國家，而臺灣卻遲遲只是亞洲的「小龍」？

我們要追求一個能滿足全體臺灣人生活的新社會，我認為，我們面對整個體制存在的若干阻礙因素。

1　本文係作者於1989年8月12日，世界臺灣同鄉會第16屆年會在高雄所舉行【臺灣新社會】討論會上，所作的演講論文。講稿經作者整理後，並發表刊登於《臺灣春秋》月刊（1989年11月）。全文經作者文字修正。在此提醒，本文所揭櫫之理由，迄今二十一世紀，仍有諸多之處仍待進一步實現。

　　在臺灣，大多數人迷惘在眼前生活壓力下，以至於少能探索、勾畫出明日的世界究竟會變成什麼樣？而決定臺灣人命運的統治者，他們的領導心態浸淫在昨日舊有山河的懷想遐思，以致死不承認臺灣與中國分離的事實。另外，反對力量未能匯聚成時代的洪流，致使社會改革步伐進步緩慢。這些現象，也是決定臺灣未來能否躍進先進國家之林的最重要關鍵，值得臺灣人給予最大的關心。

臺灣人夢想追求的社會

　　和地球上其他人類一樣，我們臺灣人也夢想過著理想的社會生活。臺灣人理想中的社會究竟是一個怎樣的社會呢？

自由安全的社會

　　我們臺灣人渴望能夠立即擁有一個自由安全的社會。在這樣的社會裡，我們得以心靈自由幻想，精神自由紓解，言行自由發揮，經濟活動自由運作；並且，這些自由皆得有安全做基礎。

　　就經濟而言，臺灣人夢想之經濟社會的自由安全是：勞動、土地、資金得以依循自由市場原理運作，讓社會生產效率化；人力資產得以依循自由意志激發潛能，讓社會多元活潑化；生命財產得以獲得安全保障，讓社會生活秩序制度化。

公平正義的社會

我們臺灣人也渴望擁有一個公平正義的社會。在這樣的社會裡，我們得以人人平等地相處，眞理公平地追求與伸張，法治公平地對待，政治平等地競爭，經濟有公平的活動機會；並且，這些公平皆得有正義爲基礎。

就經濟而言，臺灣人夢想之經濟社會的公平正義是：勞動、土地、資金得以機會均等參與生產，讓社會潛能激發；財富創造得以公平分配所得，讓社會和諧維持；經濟制度與秩序得以正義原則運作，讓社會安定進步。

繁榮富裕的社會

我們臺灣人更渴望擁有一個繁榮富裕的社會。在這樣的社會裡，我們得以衣食不虞匱乏，精神文化豐富，生命價值獲得肯定，經濟繁榮發展，社會充裕富足。

就經濟而言，臺灣人夢想之經濟社會的繁榮富裕是：勞動、土地、資金得以各得其所，充分就業，讓社會充滿和樂；經濟發展得以順利永續進展，讓社會蓬勃生氣；經濟福利可以美化生活，讓社會品質提昇。

殘酷現實社會的批判

臺灣人長久以來即夢想著一個自由安全、公平正義、繁榮富裕的社會。而當今臺灣人面臨的社會，是不是這樣的社會？不是！那麼，今天臺灣的社會究竟是怎麼樣的一

個社會？就這個角度，檢討現實不當的社會現象是必須的。

控制的自由安全

臺灣社會是否有足夠的自由，教臺灣人不再追求解脫桎梏？是否有足夠的安全，教臺灣人不再提心吊膽、毋須自行找尋保護？

我們知道，基本的自由社會，包括：人身自由、表現自由、集會結社自由、居住遷徙自由、信仰自由、祕密通訊自由，並且，包括免於恐懼的自由。而基本的安全社會，包括：生存權、工作權、財產權、參政權、訴訟權、教育權等安全保障，並且，包括免於匱乏的安全。

觀照今天臺灣的社會，在中國國民黨的政治控制下，雖然擁有基本的人身自由，但是卻牽涉到政治性的自由與安全時，什麼叫自由安全社會，則教人思所非想。

今天的臺灣，社會團體冠上「臺灣」名稱就不准登記設立；民主進步黨不准辦廣播電台、電視，甚至於連民主進步黨之政治廣告皆不准上電視頻道；而竊聽電話、檢查反對人士之通訊已非新聞；這樣的社會，實在離自由太遠。[2] 而社會治安之惡化，已達平均每天有十件以上殺人搶劫的重大刑案發生；而強姦、綁票、勒索、恐嚇、放

2　相對今日，臺灣媒體市場已經相當自由，時代的進步也很明顯。但很諷刺性的，今天媒體包括平面與電子，在民眾心中似乎皆有其政治立場之劃分；此種傾向，並非當時臺灣人運動之期待。黨政軍退出媒體，仍然是我們理想的訴求。

火、盜竊更是時時層出不窮；軍火走私、黑道槍枝氾濫，夜間計程車更是已成女姓乘客的死亡陷阱；這樣的社會，實在離安全太遠。

在經濟自由方面，臺灣在所謂「民生主義」制度下，企業的經濟活動似乎還可自由運作，其實，這是經濟社會的表相。[3] 臺灣經濟迄今仍在經濟戒嚴，只有為數龐大但規模卻相對很小的中小企業是自由經濟體制，而整個經濟活動空間則限制相當多。網絡涵蓋所有重要產業的公營、中國國民黨黨營企業，支配者臺灣經濟，致使臺灣經濟在本質上係屬以政權為中心的經濟控制體。

認清臺灣經濟本質的人皆知，自由經濟只是臺灣經濟體制的外衣，因為表現出來的經濟結構告訴我們：離經濟自由仍然很遠。

社會安全制度方面也相當脆弱。國家社會安全預算的比重，僅占國家總預算的18%以下，其支付對象90%以上又偏重在軍公教階層；全民保險尚無著落，經濟發展下的環保亦無有效防治，青少年及老弱、殘障並未受到國家特別照顧。[4] 這樣的經濟社會，實在離經濟安全甚遠。

值得強調的，臺灣經濟在中國國民黨當局有意的制度

3　臺灣在反對運動的衝擊之下，執政當局或中國國民黨上層已經逐漸不再強調三民主義角色，故當今已不見所謂「民生主義」之說法，而代以經濟現代化等之類的字眼。

4　二三十年後，臺灣社會安全的相對脆弱性，以及結構之不合理性，在政治民主化之下已見明顯改善。

設計控制下，表現在自由與安全的控制經濟體質是：[5]

第一、運用訓政時期制訂之《國家總動員法》(1942)、《非常時期農礦工商管理管理條例》(1938)以及其衍生之相關法令，對臺灣經濟環境實施「經濟戒嚴」，嚴密管制臺灣經濟活動，舉凡工業、貿易、金融、運輸等皆受到層層管制。臺灣地下經濟猖獗，不是沒有理由的。

第二、中國國民黨當局以公經濟力控制臺灣總體經濟的展現是：掌握臺灣70%的土地，45%的資本，12%的勞動力；掌握臺灣42%的總財富，45%的總投資。

第三、公經濟力排斥民間經濟的主要展現是：公經濟力掌握的總資產達八兆以上，是民間500大民營製造業的九倍。

總之，臺灣這樣的自由經濟活動空間，實際上已受到嚴重侵害。我們是生活在被中國國民黨政權壟斷下，層層受到強權控制的經濟社會。

殘缺的公平正義[6]

臺灣社會既存的公平，可以不教臺灣人追逐真正的平等、唾棄特權？而既存的正義可以不教臺灣人另尋覓社會正義尊嚴、打擊邪惡、不義？

5　二戰後，臺灣經濟在中國國民黨統治四十年形成控制型經濟體制之探討，請參閱本書第一部分之論文。時至今日，臺灣黨國一體之體制已經打破，公經濟力大皆歸諸政府。但中國國民黨之黨營事業系統仍未見有效處理完畢。

6　以下當時之檢討，社會變遷在朝野互動下，時至今日二十一世紀，如同前述情形已漸大體改善。以下之情況相同的，不再強調。

我們知道，基本的公平社會，是法律之前男女性別平等、宗教平等、種族平等、階級平等、黨派平等、教育機會平等、參政機會平等、經濟活動機會平等。而基本的社會正義是，主權在民的權威、法治的權威、文化尊嚴的尊重、道德尊嚴的尊重。

觀察今天臺灣的社會，四十年來在中國國民黨統治下的公平與正義，已經變質。許多基本的社會公平，僅僅是宣傳的口號，當權者當面對臺灣人公平正義的要求時，封建的專制統治威權，可以教臺灣社會認識公平與正義，僅僅是教科書的教材；而在經濟方面，則同樣因為鞏固統治政權，使臺灣的經濟體制充滿了特權、偏差、自私、邪惡、缺德等不公平、不正義；致使臺灣社會生活和素質低落。

今天，臺灣社會不公平的現象比比皆是，尤其在政治上，除反對勢力不平等使用傳播媒體外，舉凡人才晉用，資源分配等社會公器的不公平使用，莫不控制在中國國民黨手中，憑其喜怒哀樂來決定「公平」程度。例如，在用人方面，有特考及省籍歧視、檢覈的大開後門。在司法方面，所謂公平審判，在司法黃牛猖獗、紅包、特權關說等案例不斷曝光下，司法的正義尊嚴已斯文掃地；例如，吳天惠關說案。在社會階層方面，中國國民黨主政當局之偏愛軍人(含榮民)、公教人員；例如，國家社會安全預算對軍公教支付之超高比重；又例如，軍保、公保的優先實施，皆已明顯指出農民、勞工並非公平地被對待。這樣的社會，距離真正的公平仍然很遙遠。

在經濟公平方面，臺灣由於經濟體制設計的偏私，無論在總體上的稅制、金融制度，或者個體上的企業活動，皆可以從許多地方看到不公平、不正義的影子。例如，財政收支劃分法的設計，使地方經濟發展不均衡；而稅制的偏重薪資階層負擔，逃漏稅者大都屬於中上所得階層，而中小學教師、軍人等則獲有免稅待遇。在金融管制下享有資金分配的，並不是絕大多數的中小企業及基層民眾；企業活動的特權，似乎充滿在有利可圖的經濟體系內。例如，軍公教福利中心的獲得特別照顧等；例如，榮工處幾乎承攬所有臺灣的重大工程等。尤其值得強調的，由於經濟的欠缺公平正義，使得許多不守法的經濟活動，可以由紅包、用特權擺平，並因而取得經營特權。

我們可以看到很多不合法的經濟行為，但這個社會偏偏又缺不了它們。例如，高速公路的獨占路權，造就了野雞車不合法，但它存在則符合社會需要。再例如，地下投資公司明明違反金融秩序，但主政者偏又放縱它們存在，並發展為超級金融怪胎，偏又無能取締。再例如，「小耳朵」也是在禁不勝禁之後開放等等。皆由非法過渡至合法；而又因政策的偏差，使得所得分配與貧富相差懸殊愈來愈大，努力與所得不相對稱。像這樣不公平的特權，依賴非法經濟活動的矛盾社會，以及愈來愈惡化的階級對立等等，距離臺灣人理想中的經濟公平、正義社會又何其遙遠？這樣的經濟不公平、社會不公義，正是我們當前生活的經濟社會。

局部的繁榮富裕

臺灣社會由於經濟發展的成果，是否就可以教臺灣人不爭取更高度的繁榮或停止進步？而目前擁有的富裕水平，就可以教臺灣人放棄先進文明或安於現狀？

我們知道，基本的繁榮社會，是使國民豐衣足食，使人人有閒情逸致，有條件充實精神文明；使大家身心健康，對未來充滿希望。而基本的富裕社會，是人人和諧，各項管道得以暢通；使人性尊嚴得以擴張，物質文明及精神文化得以融合提昇。

觀察今天臺灣社會，經濟發展雖然帶來平均每人每年國民所得六千美元的水平，外匯存底雖然將近八百億美元，家家戶戶的家電雖然齊全、人民不愁吃穿，表面上看起來，臺灣經濟似乎相當繁榮富足。

但是，我們仔細觀察，除了衣食兩項基本物質享受充足之外，臺灣只有一條高速公路；臺北、高雄大都會仍然沒有地下鐵路或大眾捷運系統；[7]家家戶戶的鐵窗象徵了人民居住環境的惡劣；而一雨成災，垃圾處理無方，加上密集火柴盒式的住宅，顯得都會區的綠地公園少得可憐；人民戶外活動空間並未妥善規劃，海邊、山上無法銷燬的塑膠袋、保麗龍盒到處棄置，髒亂的環境常年與人民同

7　觀照當今二十一世紀臺灣社會，交通建設已有相當程度之改善，歷史證明，社會進步是民眾爭取來的。惟政治之基本理想，難道皆須在呼籲或打架批判之後，才見施行？何謂積極義行？值得臺灣之政治人物三思。

住；人民每年購買的書報費用，竟然比不上一頓宴客的支出；加上電視、廣播的政策灌輸與缺乏內容的聲色節目等等。如此環境，又如何提升臺灣文化文明？這樣的臺灣社會，難道可以稱為繁榮富裕？

如果經濟繁榮富裕的定義，只是吃得好、穿得好、住的好，而竟可以不管我們生活空間的改善，而可以忽略人們精神舒展的環境惡化？那麼，這個世界也就不必有已開發國家、開發中國家、未開發國家之區分。

總之，臺灣人夢想的社會繁榮富裕，不是停留在人們物質生活上的滿足；我們要求精神文明應該提升，人性尊嚴應該被尊重。現階段臺灣的經濟發展，已完成了個體溫飽享樂階段；但這並不是全部，我們更重視適應人性生活之整體環境的繁榮與富裕。

新社會改造的首要工程

我們追求實現新社會，也就是新社會改造的環境，首先，我們要注重政治與經濟因素。我們知道，政治與經濟是社會的一體兩面，政治決定社會的經濟制度、社會制度、文化、教育、行政等部門的發展層次。這些，皆影響並決定臺灣未來發展的素質與程度。

我們應該認識：一切的政治活動絕對離不開經濟動機的。因為，各種政治動作，都隱含著重要的經濟因素和意義。因此，改革必須重視經濟發展與政治發展的配合。

而未來臺灣新社會的發展，主要的問題在於政治。因

為，現行的政治制度限制了臺灣社會的制度，以及文化、教育、經濟等的健全發展，這個問題也形成未來臺灣新社會實現的阻力。所以，政治的改良是完成臺灣新社會最重要的硬體建設工程。

另外，大家知道，中國國民黨政府自1949年撤退來臺，掌政迄今已經超過四十年，所有的政治建設目標，莫不在強化和鞏固它自己的政權為優先。但很遺憾的是，卻同時在臺灣也建立了悖離民主思想的牧民觀念與迷信的神話教育，並為千千萬萬臺灣子弟種下程度大小不一的人格分裂教育種子。這對臺灣未來新社會整個的發展，播種下了相當不利的劣根。挽救這個制度，我認為是完成臺灣新社會最重要的軟體建設工程。

美麗新社會的實現

最後，在此我要強調：改造並完成臺灣美麗新社會，是整個臺灣社會變革的總綜合；它不但是政治民主、經濟進步，同時，也是社會制度的轉變。而開發中國家的社會改革，其實就是政治改革。

就當前整體臺灣環境觀察，臺灣必須在政治、經濟、社會、文化等諸方面有突破性的變革，而這些因素皆繫在政治制度的優先革新。如此，才足以保證臺灣進入先進國家之林。這些整合性的大變革，相對以往傳統的制度而言，當然是一種革命。

就此而論，四十年來的臺灣反對運動，包括現今的民

主進步黨之成立，對中國國民黨政權的激進挑戰，實質上已經對臺灣在體制調整上產生催化作用。先賢先烈所奮鬥及追求進步的動力，實在有助於臺灣未來的進展，值得我們肯定。

總之，爲了臺灣新社會的實現，在面對變化多端且不確定的未來，所有的臺灣人，實在沒有藉口偷懶、逃避，也實在沒有理由不去爲追求尊嚴理想而對傳統權威和落後挑戰。

因此，凡我熱愛臺灣的同胞，當由此體認：建立新國家是臺灣人的理想，而改造並完成美麗的新社會，必須住在臺灣的所有人民共同奮鬥、共同打拼。[8]

對於影響臺灣未來的每一個人，特別是決策者或領導人，更必須有這樣的自我提醒：

臺灣必須邁向高度發展的先進文明國家，但如果仍遵循過去落伍的規則、制度來行事，這就是表示我們臺灣人沒有自知之明，當我們臺灣最需要的時候，往往替自己開出了藥方。[9]

但願我們追求的自由安全、公平正義、繁榮富裕的臺灣美麗新社會，能早日在我們手中完成。

---

8 套用孫中山先生的遺言：「革命尚未成功，同志仍需努力。」臺灣美麗新社會目標的實現，仍然需要大家一齊同心協力。

9 這個講法，就當前而言仍然適用。例如，2012年總統大選，臺灣與中國之間的關係演變，局勢已大異於20世紀，但卻見民主進步黨的兩岸政策仍與過去無異。足見掌握適切而正確的作法，應該與時俱進，不可僵化。

經濟與臺灣前途

1989

經濟與臺灣前途[1]

臺灣的前途在哪裡？

臺灣前途的決定因素是什麼？

臺灣的生存、發展，不論臺灣前途如何演變，政權如何更替，最主要的生存條件，仍然取決於經濟力的優劣。

前言

經濟在臺灣前途扮演何種角色？其重要性如何？這是研究臺灣經濟者所關切的重點。

中國國民黨統治臺灣已經四十多年了，然而，在這段期間，臺灣人民難免還常常就個人生活、社會現象以及政治成果，拿來與過去日本統治時代相比較；而就我所瞭解，有許多人，尤其是年歲較長者，他們比較懷念日本統

---

1 本文係作者於1989年接受謝長廷新文化教室邀請，對其辦公室工作同仁及支持者所做的演講內容。當時，主持人是臺北市議會賁馨儀議員、謝明達議員。講稿由新文化教室同仁整理（有節略）後刊登於《新文化月刊》（第10期，頁54至59，1989年11月）（作者名字被忽略）。文章標題、段落及部份文字，經作者填加、修正。

治時代生活。其中，道理何在？值得我們深思。

這四十年來，臺灣不斷發生許多追求政治民主的反對運動，大家所關注的均是主政者的政治態度，對反政治民主的主政者提出不同的聲音，並以實際的行動流汗、流血，甚至犧牲生命，以喚醒臺灣人來重視臺灣的前途問題。所以，我們如果一提起臺灣的前途，大多數人都認為一定是指政治問題。當然，臺灣經濟問題亦屬於政治問題的一環；但若以為政治係解決臺灣前途唯一的主要因素，則不免失之偏狹。

經濟是臺灣前途的決定因素

在此，我要特別提出一種新的思考方向。個人以為，臺灣的前途要靠我們自己來解決，而經濟問題確實是一個重要而必須解決的重點。主要的理由是：

第一、經濟在臺灣前途上扮演之角色非常重要，經濟是臺灣生存命脈之所繫。臺灣若要進步求生存、求發展，必須要有強勢的經濟條件，而不論以後臺灣前途如何演變，政權如何更替，最主要的生存條件，仍然決定在經濟條件之優劣。

第二、經濟是臺灣立足國際舞台上最重要的力量。在外交上，和臺灣有正式外交關係的國家，已從過去一百多國明顯減少至目前的二十餘國，而目前臺灣只有經濟力量受到國際上的認同，經濟已成為臺灣在國際間最大的支撐力量及交流管道。臺灣以後要在國際上進一步發展與取得

國際之認同，經濟是一重要關鍵。

在過去，中國國民黨曾以經濟的力量將臺灣推進國際舞台上。而目前，民主進步黨在政治抗爭中，雖然已獲得相當部分臺灣人民之民心，但是，猶有部分人對民主進步黨抱持觀望態度，在注視著民主進步黨能否有實際執政的能力？其執政方向如何？是否僅止於在政治上發揮？由此可以看出，臺灣雖有相當比例的人認同民主進步黨在政治上的理想，但是亦有一群人，對民主進步黨之執政能力、經濟政策、社會、文化、教育等問題的處理能力和表現，尚抱持觀望或懷疑的態度。因此，民主進步黨若能對上列問題有具體而又切合民意的解決方法，則這一群人亦必支持民主進步黨。

而就中國共產黨而言，是否能取得臺灣，在經濟變數中，海峽兩岸四十年來在經濟上各自發展、各自努力、奮鬥，至今日，臺灣經濟已達到新興工業化國家的水準，受到世界的肯定與認同；而中國之經濟，則卻仍未進入開發國家之林。中國的平均國民所得水平在300多美元，反觀同時期，臺灣則有3,000多美元；近年，再加上新臺幣升值關係，更使臺灣的國民所得平均已高達近7,000美元；兩者相差越來越遠，兩邊經濟水平無法比擬。

因此，經濟實已成為決定臺灣與中國兩者發展之走不同路線的最大因素。[2]尤其，人民之意志與民心向背，在

2　事實證明，1980年代，中國改革開放之前，臺灣以經濟傲視世界；而2010年代，中國經濟已躍居G2，為世界第二經濟大國。21世紀，臺灣與中國經濟已

實際上亦會因經濟優劣而有不同的選擇；今臺灣與中國之分或合，受經濟影響甚明。

總之，臺灣不論以後由前述三者中何者執政，經濟都將是不可忽略，更不可排除之決定因素。

在當前臺灣局勢政治紛爭中，不論任何黨派，若忽視經濟因素，則其可掌握的民意力量必會削弱。所以，我以爲，經濟問題在以後臺灣的政治抗爭中，將會是決定臺灣前途的主要論點。

臺灣經濟與前途關係

臺灣經濟發展對前途的關係，我們可以從臺灣經濟發展所引起的政策論爭，來瞭解其對臺灣未來前途之影響。有關這方面的探討，可就以下兩方面來說明：

第一、臺灣地理經濟特性與「依賴理論」之崛起。

大家知道，臺灣屬海島型經濟體系，海島型經濟的主要特點是經濟資源相對不足，對外依賴程度較大。

四十年來，臺灣的經濟發展偏重以出口貿易爲主；出口占臺灣整體經濟的比例很高。我們可以說，出口貿易是帶動臺灣整個經濟發展的動力。在這個原理之下，出口增加勢必依賴資源之進口，而隨著對外貿易數額的增加，加深了臺灣經濟的對外依存關係，甚至臺灣前途依賴外國程

見逐漸合流，雙方發展路線之不同，主要僅在體制及政治民主方面之差異。

度的比重也越來越高。[3]

　　一個國家的生存命脈在高度依賴外國之下，其受他國所掌握的程度也愈來愈高。臺灣就是在這種對外高度依存的情況下，經濟結構失衡，對外政治談判的力量越來越薄弱，以致造成人民對當政者產生無能的懷疑；並且，也引起對當政者政策適切性之爭議。更有一部份人藉以提倡「依賴理論」，主張臺灣經濟既不能獨立，必須依賴他國，因此，臺灣應該與中國大陸統一合併，這就是藉由臺灣經濟發展上之對外依賴，而進一步推演主張政治上合併論調。

　　「依賴理論」在這幾年的聲音特別高漲，並也因此引發了數次的政治上之論爭，部份人士以為經由政治的合併，即可解決臺灣經濟對外依賴問題。這是很幼稚的政治推論。

　　也基於經濟發展政策導向經濟未來前途之殊異，因此，政府政策業已引起一些政治併發症，如環境保護、消費者保護、勞工人權、農民權益、社會自力救濟等等社會運動。這些都是因海島型經濟資源不足，因而在政策上鼓勵貿易發展，但也因偏重貿易而導致經濟結構失調，故而引起政策適當與否的論爭問題。

　　表現在這方面的經濟政策論爭，就是上述種種經濟併

3　至2010年代，臺灣經濟的對外依賴，最大對象已調整為中國，不論是對外出口貿易，或對外投資。這種對外依賴現象雖然是常態，但依賴之結果影響國家政策，則須予以關注。

發症的政策批判；而表現在政治方面的政策論爭，則是臺灣前途應何去何從的問題。其中，包括：要求民主制衡的聲浪、對當政者政治目標落實的要求、政權合法性的挑戰、統獨意識之論爭，以及國際舞台參與的迫切性等等的政策紛爭。

仔細思考這些經濟及政治上不同政策主張問題，實在皆起因於經濟問題。因此，執政者與反對運動者，甚至於臺灣全體人民不可不有此認識。

第二、臺灣使命型經濟特性與經濟資源之扭曲。[4]

臺灣自中國國民黨主政以來的四十年期間，在經濟上一直存在有一個政治性特色，就是以「國家使命型」的經濟任務來分配經濟資源。這個經濟特色，也一直影響臺灣前途。

當前，我們國家的「基本國策」，在憲法上之解釋與中國國民黨掌政執行之「基本國策」並不相同。中國國民黨所宣稱的「基本國策」，已由四十年前之「反共抗俄」轉變至「反攻大陸」；再轉變到「光復大陸」；最後又蛻變到現在的「三民主義統一中國」。「國策」目標由積極到消極。為達到此四階段的目標，中國國民黨專政四十年，主政表現在經濟方面的作為是：中國國民黨一黨專政、一黨獨大，壟斷所有重要經濟資源，除與特權掛勾者

4　臺灣這項使命型經濟的特徵，在落後國家轉型過程，也凸顯了強人政治影響之特性，當是臺灣經濟史之重要研究要素。日本學者若林正丈就曾特別關注。有關這方面，本書之第四場演講有較詳細的探討。

外，一般國民的經濟活動幾乎無適當的管道與之溝通。

中國國民黨「使命型經濟」對臺灣經濟發展及對臺灣前途的影響又如何？

中國國民黨為了要完成使命目標，並使其壟斷性和不符憲法解釋的經濟政策能獲得「民意」基礎，因此，中國國民黨維持龐大的「法統」國會組織，用以支持其政策。

此種使命型經濟特色，除了經濟資源分配方向、經濟政策決定等只具有形式民意，而無實質民意基礎外，在經濟資源分配與運用，國家目標一切為反共抗俄、反攻大陸、光復大陸、三民主義統一中國的基本國策，終使臺灣的經濟社會同時呈現特異的經濟體制：控制經濟、半自由經濟、國防經濟。

當前，臺灣的經濟體系的特色之一，是控制經濟。

四十年來，臺灣所有的經濟政策都控制在中國國民黨主政當局手中，控制的手段為運用公營、中國國民黨黨營事業，以獨占、聯合壟斷、特權等分配方法來控制社會經濟資源。因此，在臺灣經濟體制中，我們可以發現，連一般民生用品如鹽、糖、石油、電力、肥料、化工等工業用品俱為獨占；而影響視聽之工具如電視、電台、報紙，亦屬中國國民黨聯合壟斷。

在控制經濟之外，主政當局只開放少數小型之民生經濟層面，亦即絕大多數的中小企業體系，由人民經營，形成「半自由經濟體系」。目前，臺灣人民大多在這種半自由經濟社會下從事經濟活動。

另一種經濟體系的特色，是國防經濟體制。

　　在中國國民黨使命型經濟前提下，始終維持龐大的武力陣容。而為保持強大的軍事力量以對抗中共，並且為實現「一切為反共」的理念，因此，絕大部分的經濟資源皆優先運用在軍事用途上，因而壓抑了其他非軍事之經濟活動，導致臺灣經濟在本質上淪為中國國民黨完全控制的經濟特徵。

　　根據統計，在1950年以前，臺灣的軍事預算費用高占中央政府預算的92%，迄至目前，海峽兩岸雖然已進入三通、四流階段，但國防預算仍高達50%(雖然，官方對外發布的數據為37%，但事實上在教育、社會等預算中屬於軍事用途者合計起來，早已超過50%)。眾所周知，臺灣每年國家總預算近4,000億，明年預估6,000億，其中，2,000到3,000億皆用於軍事方面，如此龐大之軍事預算費用，在在證明臺灣是一個軍事、國防的經濟體系。[5]

由經濟展望臺灣未來

　　從經濟層面展望臺灣未來，是我們關心的焦點。

　　我們討論過臺灣經濟與政治以及前途的關係，這些已造成影響未來的經濟問題。在此，我們再進一步就經濟的角度，來展望今後臺灣未來的方向如何？以下我從六個方

5　臺灣在1990年代經濟自由化之後，民主政治的力量，實質上已逐漸改變臺灣軍事國家的形象。但臺灣到底應該維持多大的國防規模，在募兵制實施之後將愈見其意義之重要，值得有關方面注意。

面來說明：

一、經濟體制與國家目標

　　目前，臺灣的經濟體制基本上屬於國防經濟。但國防經濟體制亦應根基在民主政治之下，方能使經濟資源做比較有效的運用以有利人民；但我們相信，在眞正民主政治下的經濟型態，國防經濟力量會自然削減。

　　臺灣目前的民主政治是一個相當節制的民主，是一跛足型式的民主。因此，國家目標定位在哪裏？是國防經濟或民生經濟？人民能否有選擇適合自己之經濟體制的權利？是現在要「反攻大陸」的國防經濟？抑或是正常體制的民生經濟？甚或是被中國統一的共產或獨裁經濟？這些都需要先立定國家目標，才可能有所選擇。所以，我們現階段要爭取的，就是國家目標之選擇權。

二、經濟面的國家定位

　　就意識選擇而言，在國際間，一國之外交重心應放在哪一個層面？國家定位又在哪裏？是第一世界、第二世界或第三世界？決定國家目標之意識及理想。

　　臺灣若要定位在第一世界，則應重在反省臺灣現在是否富庶？是否自由民主？民意是否能充分表達？若想定位在第二世界即共產世界，則現今臺灣人民當不必反對中國國民黨專制政權，因爲，目前臺灣政經本質已很接近。而臺灣若想選擇定位在第三世界，其主要特徵，在所得及人民生活水準不及第一世界，而又不肯位居第二世界，故有

宣稱第三世界、中立者或形成不結盟國家。

在這第一、第二、第三世界中，甚至第四世界，臺灣要定位在哪裏？有了明確的定位，才有可能有一致的國家理想及政策方針。

就臺灣發展程度而言，臺灣現在已被確定的是屬於新興工業國家(NICS)，但臺灣屬新興工業國家這個新名詞，也因為遭到中國反對，而在其壓力下被更改成「新興工業經濟體」(NIES)，故目前國際上只承認臺灣為經濟體而非國家。

三、 經濟資源的分派

經濟資源之分配，視國防或控制經濟而定。今天，臺灣在大中國沙文主義的國家目標下，無論國家預算、公營事業、黨營事業(中國國民黨)、大都由中國國民黨特權控制大多數的經濟資源，使臺灣經濟活動產生許多的禁忌，真正的市場經濟活動未能充分發揮。

臺灣欲解除此種不正常之控制經濟發展，唯有落實真正的民主政治，才有可能實行人民所選擇的經濟體制，使未來經濟資源之分派能透過市場功能正常運作。

四、 經濟的教育與文化

就教育品質而言，臺灣現在的教育界大體上訓練出「生產人才」、「法西斯人才」，造成這個社會普羅文化濃厚；教育重量而不重質，無法培養出創新的人才；社會唯有少數菁英分子受到栽培，造成少數人決定大多數人思

考方向之異端教育與菁英文化；大多數只受無力思考之普
及教育，致使無力正確判斷如政治、經濟、社會、文化等
更深層面的問題，終而使整個社會經濟決策淪由少數人決
定。加上無創新教育環境，對臺灣未來經濟世界而言，形
成很大的發展挑戰。

就文化層面而言，文化層面可以簡分為精緻文化與粗
俗文化，此兩者追求目標不同，臺灣應定位在哪裏？這也
將造成未來發展方針之不同。例如，粗俗文化追求「長、
大、厚」，而精緻文化恰好相反，追求「短、小、薄」；
諸如此類，文化政策的方向皆應有明確的特色。

五、經濟道德與社會正義

臺灣的未來，在經濟上為維護經濟道德及社會正義之
實現，必須以民意為基礎，使資源之分配合理化，並以增
進經濟效率為原則，使臺灣有限的經濟資源能真正發揮效
益，並使產生的經濟力量真正有利民主，以符合市場經濟
運作功能，而達到經濟公平之理想目標。

六、經濟與外交觸角

臺灣目前在國際間之國際人格地位，只有經濟地位。
在聯合國組織中有17個國際性組織，臺灣一個也沒有參
加；其他以國家為會員之國際組織有23個，臺灣只有在亞
洲開發銀行擁有會員資格；凡此證明臺灣並無國際人格地
位。[6]

但就全世界經濟地位而言，臺灣至少可排名在三分之

一之前。在經濟地位與外交地位相差如此懸殊之下，臺灣今後國際人格的地位之方向、角色應該如何定位？[7]是採依賴美國？蘇俄？[8]或者是中國？[9]

我認為，臺灣今後應採全方位外交走向，使臺灣走向中立國家，具真正之國格。如此，方可解決臺灣在國際經濟權益上之問題，並得以與其他國家之間保持等距外交。

結論：臺灣需要新體制

經過以上探討，最後，我想就上列問題之論點，提出兩點意見：

第一、時序至今，臺灣反對運動方興未艾、日益蓬勃，這是提醒我們必須關切臺灣未來，必須關心臺灣經濟問題。因為，如果我們再不關心經濟和了解經濟，以及提

---

6 由於臺灣國際地位的脆弱性，因此，更加凸顯應該加入聯合國或其他國際組織的重要。

7 從國際客觀環境而言，臺灣要突破這個困境仍有相當障礙。因此，如今權宜之計，與其計較「國與國」之間的國際交往互動之不易進展，何如全力發展「人與人」之間的世界往來，反而可以突破臺灣的國際困局？值得吾人三思。

8 蘇聯已經於1991年12月27日解體，從此無「蘇俄」之稱謂。代之以獨立國協，俄羅斯為龍頭。

9 局勢發展至今，臺灣與中國之間的經濟發展關係已進入高依賴關係。尤其，臺灣對中國的經濟依賴更已超越過去二十世紀之對美國依賴程度，造成對臺灣發展上政治關係的微妙變化。對臺灣未來，在當前中國國民黨與民主進步黨之間，並避免不了加入中國共產黨之變數之後，兩岸政經互動已為臺灣投下政局動盪不安之激素，必須慎重面對處理。

出臺灣經濟問題在反對運動上意義，那麼，關心臺灣的議題將可能流於某種程度的偏狹。目前，凸顯臺灣經濟意識之時代已經來臨，關心臺灣前途以及反對運動者，實皆不應忽視。

第二、改革體制，包括政治、經濟、社會體制之改革，都是未來臺灣前途必須要走的路；體制改革，更是當今反對運動所必須把握之原則。

臺灣應求整個體制之健全，我要特別強調：

一個進步的國家，一個文明的社會，如果延續過去落伍的制度規則，來決定其未來前途時，這就是表示這個國家、這個社會沒有自知之明，當這個國家、這個社會最需要的時候，往往替自己開錯了藥方。

所以，制度的調整必須以整個時代、整個民意相配合。

今天，臺灣不能再沿用中國國民黨1940年代以前在中國大陸的那一套體制，來處理或決定未來1990年代臺灣的前途。我們應該另外尋找一個新的體制，來解決並決定臺灣的未來。

檢視臺灣經濟社會發展

1990

檢視臺灣經濟社會發展[1] (1945-1990)

　　戰後，臺灣經濟社會基本上是屬於一種控制的發展
型態。

　　所有提升人類尊嚴、文明所需要素，都犧牲在政經
控制之體制下被壓抑；

　　經過政經長期管制，形成臺灣社會畸型發展。

前言

　　主持人、諸位前輩、諸位青年朋友，今天很高興來到
林本源文教基金會和各位見面，來報告有關戰後臺灣經濟
社會方面的問題。剛才，主持人對小弟過度的讚美，實在

1　本文係作者於1990年9月2日，到林本源中華文化教育基金會第72次【臺灣研
　　究研討會】的專題演講。研討會主持人為林衡道先生，參與研討的對象大皆
　　為歷史與文化界聞人，出席者尚包括鄭欽仁、蔡淑鈴、潘永寧、許雪姬、黃
　　富三、曹永和、張勝彥、張維毅、戴寶村、李季樺、張炎憲、楊維哲、王昭
　　美、孫森焱、蔡錫堯、李來富、謝冠雄、莊永明、林月英、陳少廷、高玉
　　似、陳怡君、吳密察；其中，也包括日本來臺研究學者若林正丈、佐藤幸
　　人，以及長田正民等人。
　　演講紀錄及當時會上之研討內容，經基金會整理後刊登於《臺灣風物》季刊
　　（第4卷第4期，1991）。文章題目、標題、段落以及部分內容、文字，經作
　　者填加、修正或節略。

不敢當！

　　這半年多以來，我正式在政治舞臺上，利用學者們所提出的改革問題，對政府部門施加壓力。相信大家在不同的過程、從不同的角度、在不同的領域，可以看出來，我們的社會要進步，就必須結合像剛才主持人林衡道教授所說的社會菁英。我只不過是讀書人中的一份子，不敢說是菁英。

　　今天，我所要講的主題是：管制下臺灣社會經濟之發展。

　　這個問題，牽涉到這幾十年在中國國民黨政府統治之下，臺灣經濟社會發展過程中，出現了哪些問題。臺灣經濟社會發展，尤其是經濟，我們皆受到相當大的管制。這樣的問題，我曾經就臺灣的經濟本質加以探討、也歸納過經濟社會發展最重要的一個特色，就是：臺灣經濟有非常明顯是在被管制之下而發展的一個型態。就此，我曾發表論文指出過臺灣經濟的本質，基本上是一個控制的經濟本質。[2]

　　剛才，主持人所講的，臺灣的經濟發展上有一些類似半經濟殖民地的情況。這一點，我也曾在許多的演講及不同的場合中指出，我們是一個半經濟殖民地的情況，尤其

2　請參見本書前面之論文。有關這個問題，主持人林衡道先生曾進一步提出三個問題：一、在控制性的經濟體系底下，舊的中產階級沒落，而新的中產階級興起的問題；二、臺灣民間的資本家之分類為何？三、資本主義的發展是否反應變成意識型態的多元化，而不是社會的多元化？這些問題，甚值得吾人觀察。

是日本的半經濟殖民地。有關這個問題，我願意在這裡向各位報告，臺灣為什麼會產生一種類似半經濟殖民地的情況？最重要的一個關鍵，是在於經濟型態係被執政當局有意設計的一種控制經濟型態。所以，我今天準備就戰後臺灣經濟社會的發展，基本上是一種「控制之下的發展型態」來向各位報告，並就教各位。

「經濟奇蹟」

首先，我強調一個問題。四十幾年來，臺灣經濟發展自中國國民黨政府由大陸遷移到臺灣，我們可以發現，在不少的文獻上，都強調臺灣的經濟發展是一種奇蹟。

我認為，在管制之下還能有這樣的結果，確實是一個「經濟奇蹟」！我們可以從幾個方面來看：

在國民政府來臺前，一直到現在，每人國民生產毛額(GNP)已經由一百美元增加為8,000美元。而臺灣的貿易總額已超過1200億美元，世界排名第12、13名左右；出口能力目前已在650億美元以上，世界排名也在10至12名左右。另外，一個比較驚人的成績，則是已經超過700億美元的外匯存底，水準已達世界排名第一、二位。

從以上這幾個指標可以發現，臺灣的經濟發展，四十年來的確是個「經濟奇蹟」！但這種經濟奇蹟，我是針對管制之下能有這樣的成果而言。我相信，如果沒有中國國民黨政府有意在政治及經濟管制，我們的經濟發展絕對不只這樣，社會生活品質也絕對不是像現在是一種開發中的

型態。如果沒有受到刻意的管制，我們的結果可能已接近
日本經濟社會的水平！

假民主的專制政體

其次，臺灣的政治經濟社會管制的情況到底如何？是
否會影響到經濟社會的發展？以下我先介紹一下，管制之
下的政治經濟關係，到底是怎麼樣的型態？以及其影響。

經濟社會的發展，最重要的環境因素就是政治。臺灣
的政治因素受限於政體，也就是中國國民黨統治之下的政
體是一黨專政，所有的政策是一黨獨裁。

四十年來，臺灣就是一個中國國民黨政府。所有的政
策，不管是政治、外交，包括最重要的經濟政策、貨幣政
策、金融政策、貿易政策、農業政策、社會政策、人口政
策、教育政策等等，都是一黨獨裁！在一黨獨裁、一黨專
政之下，如果有政策偏差、如果政策對發展是限制，那
麼，社會根本無力加以矯正，無力加以健全發展的方向。
一黨獨裁、一黨專政的政體，可以說是個獨裁專制政體。
雖然，中國國民黨政府講，我們是一個民主政治的國家。

勉強而言，臺灣是一個半民主政治的政體。

從國政運作方面來說，臺灣是一個假民主的型態。一
般國政的決策權在於國會，但我們的國會卻四十幾年來從
不用改選。現今所改選的，是1969年以後才加入所謂不用
改選的「增額委員」；到最近十幾年，才又加入另外一群
必須改選的「增額委員」。而這些須定期改選的委員比

例，就整體國會而言，根本不足以影響決策國政的方向。從這一點可以看出，它並不合乎民主體制。因此，國政的運作是假民主體制。

除非國會全面改選，國策、國政或者一切的政策運作，才有所謂的民意基礎，才算是民主。

另外，在地方政治方面，我們強調地方自治，目前縣級以下的縣市長、鄉鎮長、民意代表，以及省議員等，都是民選的。但這些地方自治，還沒有一個法規是合法的。目前所實施的地方自治法源，係屬於行政命令。憲法規定的「省縣自治通則」，在立法院雖經過二讀，但迄至現在仍未付諸三讀。

也就是說，執政者在地方自治的實施上，還不願其有法律基礎。雖然有所謂的國會存在，但地方自治仍未落實。所以，從整個政治政體之運作來講，臺灣並不是一個眞正的民主政治國家。

控制型的經濟發展

在沒有眞正的民主政治下，必然的影響就是所有的經濟、社會、文化、教育等的決策，勢必由一個可以影響目前政體的政治決策者來決定，包括所有經濟社會發展的模型。這就是管制之下臺灣政治體制的型態。

而在這種體制之下的經濟型態又是如何？我先把結論給各位：在政治由一黨獨裁，且長期專政的情形之下，臺灣經濟發展的結果，是一種控制型的經濟發展，是一種半

自由的經濟發展。

　　所謂控制型的經濟，乃是指整個重要的經濟發展方向，以及經濟資源的分配權決定於一黨。而半自由的經濟，則是指經濟體系除公經濟之力，有龐大的中小企業，這一部分是由民間自由發展。所以，臺灣的經濟體制中，有所謂私有經濟的自由型態，但僅限於中小企業型態。

　　由於，中小企業分佈在整個經濟社會，就所有臺灣的企業體而言，其所佔的比率超過98％以上。所以，很多人誤以為臺灣的經濟體制，就是一個自由經濟體制。事實上，這是有相當大的出入。因為，整個資源的分配權，以及中小企業發展的範圍，都有相當大的限制。這個限制來自於制定經濟法規之時，已將中小企業所能發展的層次，作了相當的規範；超過規定的層次，就不得投資或經營。

兩個戒嚴經濟的大法

　　最近，我在立法院提出廢止兩個法，我稱之為「經濟戒嚴法」：一為《國家總動員法》(1942)、一為《非常時期農礦工商管理條例》(1938)。由於前者，政府部門可以透過《國家總動員法》來約束所有經濟資源的方向，包括中小企業經營產業的對象；後者，基本上也約束了所有的經濟活動，包括經濟資源的分配由政府決定、勞動者不得罷工等等。

　　這兩個法，不是正常的法，是不合法的法。它們是在憲政時期之前，亦即1947年以前，訓政時期所訂定的法，而且，至目前還繼續適用在臺灣。也就是說，時序至今，

執政當局仍以過去訓政時期的法令，來約束臺灣經濟走向1990年代。也因為這兩個法，戒嚴了整個臺灣經濟活動。[3]

所以，我們可以看到，有很多經濟活動中小企業是不能做。例如，幾十年來，禁止電子對講機之生產。而尤其嚴重的，許多的行政命令，是由這兩個經濟戒嚴法所延伸出來，有數十個行政命令約束了我們的經濟發展。各位看到臺灣的經濟好像一片繁榮，但這些大多是中小企業、勞工、農民等奮鬥的結果，是中小企業在非常有限的經濟活動空間中發展出來的。

目前，臺灣經濟大體上已將大部分的經濟資源運用發展到極高點，如果要想使臺灣的經濟更發達，我認為，唯有改變體制。除非政府在制度上放寬經濟活動的空間，否則，我們的經濟發展層次，將只有到此為止。

何以臺灣政經連體？

在此，我願將臺灣在中國國民黨統治之下的政經關係，作進一步的說明。事實上，這也是一個我們必須面對的問題，也是為什麼我會以一個經濟研究者的身分踏入政壇的原因。

3　形成臺灣控制經濟的本質，除了兩個「經濟戒嚴法」外，吳密察先生於當時研討會上，也另指出中國國民黨來臺接收日本時代的經濟遺產統治因素的觀察。

我們由圖1所示便可以了解：為什麼臺灣的政經是一體的？而且，在現階段，我們對臺灣經濟的看法，也就不能夠採行「政經分離」的態度了。基本的癥結，乃在於中國國民黨的統治法寶，也就是「基本國策」，就是「法統」。

在此所指的「基本國策」，和憲法中的「基本國策」不同。憲法中的基本國策規定得很清楚，但當前中國國民黨執政當局口中的基本國策，就只有「蔣公」的「意旨」。

我們回顧過去，早先的基本國策是「反共抗俄」，後來就不「抗俄」變成了「反攻大陸」；之後，又不反攻了，就是不積極去反攻，而是等待大陸政權自動滅亡，而改成為「光復大陸」；到最近，光復大陸的基本國策也變了，如蔣緯國先生過去就曾表示過：「我從來就沒講過要反攻大陸，我只有講過要光復大陸。」

總之，像這樣的問題，就一直把我們整個社會矇騙得團團轉。中國國民黨執政當局以「基本國策」說要反攻大陸，但事實上，在執政黨的眼中，從來並不反攻大陸，從來一直就以「等待」式的反攻大陸來「光復大陸」。但到現在為止，光復大陸也不都做了，因為，事實上不可能。所以，基本國策又再改為「三民主義統一中國」！只有等「三民主義統一中國」了。

在這樣善變的「基本國策」之下，自然演變成了中國國民黨一黨獨大、一黨獨裁的專政。不論「反攻大陸」、「光復大陸」或者是「三民主義統一中國」，都成為中國

國民黨統治的專利。任何人要講中國問題，絕對只有中國國民黨三民主義的版本，而三民主義的版本就成爲中國國民黨的政治專利。這種情形演變出來的結果，就是政策獨占。

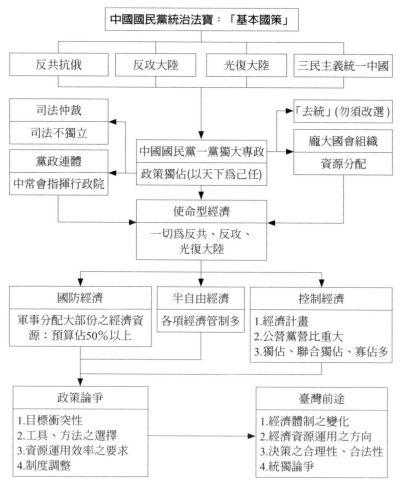

圖1　中國國民黨控制下的臺灣政經發展關係

使命型經濟體制的產生

經濟學告訴我們，經濟獨占對經濟資源的分配，會導致相當缺乏效率的結果。而政治獨占所冒的國家風險、社會風險、整個資源運用錯誤風險等，要比由多數人來決定政策所負的成本要大得多。

我們很遺憾，中國國民黨「以天下為己任」，「以國家興亡為己任」。記得，孫中山先生政治思想的政策決策是以「天下為公」，認為天下是大家的；天下、國家要如何發展，是由所有國民共同來決策的。在這樣的胸襟之下，我們在政策上都還有參與權。但自強調蔣介石「置個人生死於度外，以國家興亡為己任」的意識後，國家興亡已變成是統治者自己的責任，是中國國民黨的專利，而隱含不是大家的責任。在政策獨占之下，就發展出與自由經濟不一樣的經濟社會型態。我將其稱為：「使命型」的經濟型態。

所謂使命型的經濟型態，乃指所有經濟活動的發展，一切為反攻、反共，一切為統一中國而奮鬥。這種經濟型態，我認為，對整個社會，對整個從事經濟活動的經濟要素而言，都不公平，尤其對國民。

掌控經濟的政治體制設計

中國國民黨一黨獨大，為了要達到這種使命型的經濟設計，在體制上便從兩個方面著手：

第一、必須取得人民的同意，在形象上，仍要給國民一種所有的政策都是經過民意制定的感覺。

因此，維持了一個龐大的國會組織，包括三個國會結構，而且，仍然維持在大陸時期的大中國型態，並將它加諸在兩千萬人民身上！

這就好比一個小朋友穿西裝，以維持大中國的形象。而且，又為了反攻大陸、統一中國，這個小朋友又必須武裝這個國度，這也就好像小朋友穿西裝又戴鋼盔一樣，非常不相襯。而這三個國會組織：國民大會、監察院、立法院，非常不幸的，早已淪為中國國民黨以強調「法統」的方式統治。所以，這三個國會並不改選；要改選，也是在其可控制之內，才付諸改選。

由此可以看出，中國國民黨在政治獨占之下，為要杜國民攸攸之口，所以，在民主的形象上必須維持，也因此必須維持龐大的國會組織，來決定資源分配的方向。這是控制經濟相當重要的政治體制設計。

第二、另外一個政治設計，是行政方面的安排，就是黨政連體，將黨的運作和行政體系的運作連結在一起。

這種黨政連體嬰在臺灣，四十年如一日。這也就是為什麼社會指責黨庫通國庫？為什麼指控說是黨國不分？黨在國之上等之黨政不分現象。黨政連體嬰的結果，造就了行政體系的無法中立。因此，我們可以發現，國家的最高行政機構：行政院，是由中國國民黨的中常會所指揮掌握，使得行政部門與中國國民黨緊密的連為一體。這就是以黨領政。

　　由以上說明，臺灣的立法部門可以四十年不改選，行政部門又接受黨指揮領導，臺灣四十年黨政連體。尤其重要的事，當立法部門、當行政部門、當國民權益發生爭執，需要司法部門來仲裁時，卻發現司法不獨立。其中，中國國民黨的影響非常明顯。

　　暫不談五權分立的問題，光是行政、立法、司法，這三個部門必須中立、必須分別運作的體系，在臺灣四十年來，則在中國國民黨以其法寶的統治，主要的決定權分別均集中在中常會。如果，中常會出現強人時，決定權則往往就統由一人所壟斷。例如，在兩位蔣總統任內，他們所說的話就是聖旨。他如果要辦人，只需要透過中常會。從這裡，我們可以瞭解整個政府體制運作，中國國民黨就是國家的統治機器，而其主要執行部門則是中國國民黨中常會；而黨中常委會如出現強人：中國國民黨的總裁、主席，則其幾乎就壟斷所有的國家政策。

　　以上，是我在這裏必須先交代的一些政治關係，以便各位了解為何臺灣會演變出使命型的經濟型態。

使命型的三種經濟型態

　　使命型經濟型態，以下我分為三個部門來說明。

　　第一、因為臺灣有使命型的經濟特性，一切為反攻、一切為統一中國的政治目標，所以，臺灣的經濟發展就有一個很重要的結構部分，叫做國防經濟。

國防經濟

在早期1950年代，國防預算平均佔整個中央總預算的70%以上，所以，能夠用於社會福利、教育文化、司法、經濟、建設等方面的預算就只有20%左右。這就是說，軍事部門分配了臺灣絕大部分的稅收，也決定了臺灣重要經濟資源的分配比例。而這個國防經濟到底有沒有浪費？有沒有誤用？是否有利於整個國家的經濟發展等問題，則到目前為止，從未向人民公開，也沒有人有能力來監督、制衡。這是一個相當嚴重問題。

所以，在這樣形成的國防經濟體制之下，各種資源的分配，國防部門掌握了絕大多數的權力。如徵多少兵，後備軍人的調用；其他資源，如果軍方需要，就必須配合提供，否則《國家總動員法》可以隨時加以制裁。由此可見，人力、物力、財力絕大部分在國防經濟體制下做最後的決定支配權。

除此之外，社會福利也大部分在國防經濟體系的掌控支配，如退輔會在社會福利支出中超過80%。所以，我們看到，早期臺灣民間經濟活動範圍幾乎等於零，也沒有所謂的社會福利，也沒有所謂要發展臺灣強有力的經濟。

在這樣的一個基礎，我們可以講，國防經濟到目前為止，在我們的經濟社會形成一個很獨特的族群，而且，這個族群到今天還沒有人能夠明白她的全貌。但是，我可以告訴各位，經過立法院這一個會期(第85會期)的努力，至少會從下一個年度或下下年度開始，在政府會公開部分的外

交、國防預算，而國防部也會公開國防白皮書。到那個時候，我相信，學者就可以發揮其影響力了。例如，這樣的白皮書是否眞有助於國家安全？是否眞有助於經濟發展而不影響國家安全？

控制經濟

在使命型經濟下所延伸的第二種結構發展型態是：控制經濟。除了政府公權力，它是以公營、黨營的型態來控制我們的經濟。

所謂公營，乃指由政府出資，有政府的資本而言，其中，包括國營、省營、及縣市營。各位可以看出，這些公營的力量是相當驚人的！

就以經濟部、財政部、交通部和中央銀行來說，所有臺灣的衣、食、住、行、育、樂的重要部門，都控制在其手中。例如鹽，只有臺鹽可以生產；糖，也只有臺糖可以生產；而菸酒亦只由公賣局來獨占，而且是買、賣皆獨占的雙邊獨占，這是一種很嚴重的雙邊剝削；其他還有：石油、電力、甚至於肥料等等。

除了以上的公營事業機構，中國國民黨的黨營事業也到處可見。例如，瓦斯。在這樣的政治、經濟設計之下，中國國民黨政權就可以再無能而不垮。因爲他有源源不斷的經濟生命力。而運輸業，如空中飛的、地上走的、海上航行的，幾乎都和公營、黨營有關。就像劉進慶教授所說：臺灣的產業高地都壟斷在中國國民黨手中。

以上所講的，只是一般經濟性的範圍，其他還有財政

部控制下的金融、銀行、保險等金融服務業。這些公營、黨營，是在臺灣控制經濟體制下發展。大家有沒有覺察到，這是使這個不道德、不正義的政權繼續維持四十年而不墜的原因。

就因為在經濟控制之下，中國國民黨因執政而擁有相當大的資源、資金，在政治運作時可做充分的應用。因而，經濟控制也就成為支持中國國民黨經營不正常的民主政治體制的最大禍首。[4]

在此舉幾個較具體的數據：以國營、省營事業中的59家事業機構與民間前500名的大企業所控制的經濟資源相比較，前者是後者的九倍；而若以國民總生產來說，整個臺灣的國民總生產額其中就有三分之一以上受公營事業控制。也就是說，有三分之一以上的總經濟生產資源是由公營在支配。那麼，我們可以發現，臺灣很接近共產社會。共產社會是90％到100％是公營。如果臺灣公營再加上黨營、縣營事業，則可能超過50％是屬於公營體系(參見表1)。

半自由的經濟型態

第三種經濟發展結構是：半自由的經濟型態。

4　日本學者若林正丈在研討會上，就曾關切臺灣形成使命型經濟控制，在經濟發展過程中，例如尹仲容、李國鼎、孫運璿等技術官僚的角色。事實上，技術官僚並未能控制臺灣的經濟，因為他們對重大問題並沒有最後決策權，特別在政經一體的體制下，他們仍然是棋子，但他們對一般發展仍有一定程度的影響。

表1　政府的總投資力與總生產力(1951～1989年)

單位：%

期間平均	總投資力			總生產力			投入-產出差距
	政府	公營事業	合計	政府	公營事業	合計	
1951～1960年	12.6	37.6	50.2	9.9	15.7	25.6	24.6
1961～1970年	10.7	27.1	37.8	10.5	17.2	27.7	10.1
1971～1980年	12.6	32.1	44.7	9.3	16.0	25.3	19.4
1981～1989年	17.9	25.9	43.8	9.8	15.3	25.1	18.7

　　除了前面提過的中小企業的情況外，中國國民黨政府所制定的各項經濟法規和行政命令，對經濟活動有相當大的限制；而且，行政命令往往比法律更嚴厲。有很多事情法令尚無規定，但行政命令卻可以擴大解釋。所以，我認為，臺灣目前最嚴重的經濟問題，是在於經濟行政裁量權的過度擴張。

　　這個問題，在臺灣經濟管制環境下，彈性特別大。例如，什麼可以進口？進口多少？要課徵多少稅率？負擔的稅要多少？要收多少工程受益費？例如，高速公路的收費，明明收足了說要結束，卻到現在仍繼續收費等等，諸如此類，都是在經濟管制及行政裁量權下，完全由中國國民黨當局隨意決定，也影響了人民的經濟生活和生活品質。

經濟挑戰臺灣前途

　　由以上的說明，我想，各位應該可以體會到：為什麼我們的政治發展會影響到我們的經濟，而經濟發展的問題，則牽涉到臺灣的未來。

　　因為，我們的經濟體制基本上是控制在政治手裏，而政治又是一黨獨大。也因此，政治論戰往往成為政治改革及經濟改革的焦點；而這些政治論戰到最後常演變為政策論爭、政權挑戰。

　　因為，這個問題皆係在中國國民黨政權繼續掌政下紛爭的根源，一旦政策有誤，基本上都會形成對政權相當嚴厲的挑戰；除非中國國民黨願意接受，否則，都是對政權的挑戰。

　　例如，中央研究院林美容教授寫過幾篇比較關心臺灣文化的文章，結果就因本土意識之不容於當局，而無法繼續在中興大學任教。又例如，我們談中國文化、臺灣文化、本土文化等等，到最後的結論，就變成向中國國民黨開刀、向政權挑戰。也因此，政治在文化的領域，也造成相當大的約束力。

　　政策論爭往往形成對政權挑戰，連帶地也引起臺灣前途論爭問題。

　　臺灣的前途問題，因為，有經濟體制的要求改革；因為，有經濟資源運用方向及政策的合理化問題；最後，就演變成國家如何發展。其中，又因中國國民黨有使命任務

在，故其所訂定的政策均以大中國爲前提。這時，則又牽涉到統獨等問題。

總之，所有的經濟問題，實際上都脫離不了政治關係，在當前的臺灣，尤其明顯。

管制的經濟社會發展

臺灣在政經管制的經濟社會，又是如何發展的？

政治體制偏差

從政治方面而言，管制使臺灣民主化的腳步緩慢，而且，使政治白色恐懼症充斥在我們的社會，使我們的民主政治體制很不健全。例如，中國國民黨政權，基本上是一個列寧體制；臺灣所有的決策都先要在中國國民黨的中常會通過，之後，再交至行政院執行。可見，黨影響國家政策，不只是社會政策。

所以，我們的結論是：臺灣的政治是黨國不分、黨政連體，違反民主政治的運作。

而行政院長的任命又如何？行政院長是由黨的中常會通過後，再交由立法院同意。也就是首相任命，在國會通過前，勢必要由黨中常會任命。這是列寧體制。其次，內閣閣員及政務官的任命，也是由黨中常會決定，再交行政院任命。內閣往往受黨主席的影響。過去，在臺灣，總統一向由黨主席兼任。一旦有強人總統時，幾乎由一人就決定了所有的閣員，但強人總統又由誰來監督？沒有，變成

有權無責；相對的此時的行政院長就變成有責無權。

這些都是不合民主制度的運作。臺灣這樣的體制四十年如一日。有權的人不用負責，有責任的人沒有權利。而且，不只是中央政府、包括金融、社會、教育體系等等都一樣，到處充斥有權無責，有責無權。「臺北十信案」就是一個很好的例子。

經濟出現瓶頸

在經濟方面，管制使臺灣經濟轉型早已出現瓶頸。

由於中國國民黨當局之保障特權，限制經濟經營，維持公營體制、貿易管制等等之不當經濟作為，使得經濟受壟斷而缺乏競爭力。例如，汽車長期保護的結果，使得臺灣的汽車自製率仍然未達50%。

社會秩序混亂

在社會方面，管制造成臺灣社會秩序的混亂。

臺灣由於長期政經控制，使得言論、思想受到限制，社會價值一元化，人人金錢至上，思想貧乏。人民就像在罐頭工廠裏，罐頭鋁帶所製造出來的罐頭，一樣的包裝，一律印上三民主義標記。

金錢為導向的結果，導致了許多投機事業及金錢遊戲的產生、社會道德淪喪、倫理失調。

另一方面，教育又與生活脫節，學校教育、家庭教育、社會教育非但不能相互配合，反而各自分歧獨立。學校教育是聖人式的，但家庭、社會教育卻又是活生生而又

現實的，不能配合學校教育。

缺乏社會安全

　　除此，管制下的社會也產生另一個問題，則是社會安全制度的缺乏。

　　社會安全若從經濟的層面來說，可分為勞方與資方，在目前，政府尚未有健全的勞工法規來保護勞工生活；但卻一方面縱容資方來剝削勞方。另一方面，又制定一些不合理的法規，要資方負擔政府應該負擔的部分。如此一來，政府非但未盡仲裁、平衡勞資糾紛的角色，反而將社會福利責任加諸在資方而導致惡性循環。諸如此類的作法，使社會安全制度無法建立。

壓抑的經濟社會

　　總之，由於政治、經濟、社會等等諸問題，使得我們的生活表面上看起來還不錯，但事實上，那只是侷限於有限的個體，而普遍的生活品質卻無法提昇。例如臺北市的地下鐵，花費鉅資規劃三十年，遲遲未動工。原因何在？主要的原因乃在執政當局有嚴重的「過路心態」，把臺灣當旅館的心態；住旅館的人，是絕對不會真心愛惜那個地方的。這就是臺灣社會，在管制下的畸形發展現象。

　　在此，我要以經濟的角度來談談政經管制下的總結果。

　　就臺灣經濟活動資源的三大基本要素：勞動、資本、土地來說，其中，勞力有15%左右為政府所控制，包括公

務人員；當然，其中也有較充分自由行為者，像各位就沒有被控制。土地約有70%是受政府的控制，有些地方，例如南投，公有土地種植了好幾個世代卻仍無法購買成為自己的。而資本，則有45~50%是屬於公營或政府投資，而受當局控制。總之，整個臺灣經濟活動，幾乎皆在無形及有形的控制之下進行。

如果沒有以上的控制，我相信，臺灣不論在政治、經濟、社會、文化各方面的發展，絕對不會落後日本這麼多。這是我可以向各位肯定的。又例如，在經濟控制之下，臺灣的銀行四十年前有17家，到現在仍舊17家；電視台，幾十年來一直就只有三家，其中，還包括黨營、軍資各一台；通訊社，1956年就有四十幾家，到現在還是一樣等等。幾乎包括所有提升人類尊嚴、文明所需要的要素，都犧牲在政經控制的體制下被壓抑。[5]

結論：健全體制目標

最後，我想簡單的做一個結論。

由於過去以來，中國國民黨一貫以光復大陸、統一中國為前提，結果使得我們個人沒有自己奮鬥的目標。而就整個國家而言，實際上也成為沒有共同努力的方向。

---

5 鄭欽仁教授提出大眾傳播工具的控制，以及關於報紙生存的空間，是否皆是政治的因素？事實上，以競爭的完全性觀察，臺灣仍屬政治影響下的不完全市場，本質上仍為控制。

　　有關這個問題，我認為，我們應該有明確的奮鬥目標：

　　在政治上，應追求真正民主的政治體制；在經濟上，不但要求經濟的繁榮，更要達到真正自由的經濟體制；在社會方面則希望社會做到公平、有公道。[6]

　　這些都是我們在政經管制下的每一份子，應該追求的目標。如果大家有如此的共識，我相信，我們的國度，絕對可以在短期內和先進國家更為接近，甚至可以和他們並駕齊驅。

　　而要達到這個共同目標，我想套用一位經濟學家的觀念和大家一同互勉，並作為今天報告的總結。就是：

　　　　一個進步的國家、一個追求文明的社會，如果沿用
　　　　過去落伍的，不合理的制度規則來行事時，這就表
　　　　示這個國家，這個社會沒有自知之明；當她最需要
　　　　的時候，往往為自己開錯了藥方。

　　我用這句話向各位說明，臺灣應避免用過去落伍的制度、法令，應該加以調整改進。我們在面對新的未來，應避免舊思想、舊觀念。希望各位能體認到這一點的意義。

　　如果我們沿用過去落後、落伍的制度，例如戒嚴時期、訓政時期的規則來行事，這就表示我們臺灣人民沒有自知之明，當我們發現自己國家最需要的時候，往往會為自己開錯了藥方！

6　黃富三教授質疑臺灣是不是資本主義體制國家？他同時也提出改革必須是整
　　體性，而不只是針對中國國民黨。答案是肯定的，尤其是體制改革。

經濟的人生、文化與哲學

1995

經濟的人生、文化與哲學[1]

還原現場

國立國父紀念館高崇雲館長於演講會前對會場聽眾簡介講題與演講人(起鼓)

> (⋯人已經到了)。彭百顯委員今天要講的題目是「用文化智慧莊嚴生命的美感」,「從經濟人生邁向文化人生」。
>
> 彭委員是經濟專家,文化大學經濟學研究所的碩士,他是民進黨。我以前不認識他,有一次我們開學術研討會,他發表一個論文,從那一天開始我才認識他。他真的肚子裡滿有東西的,我相信等一下各位可以得到印證。
>
> 他曾經擔任過文化大學銀行系系主任⋯(以下略),

1　本文係作者於1995年（7月8日）接受國立國父紀念館邀請的【週末文化講座】演講內容,講座主持人為館長高崇雲先生,原講題為:〈用文化智慧莊嚴生命的美感:從經濟人生邁向文化人生〉。全文內容未曾發表過,故特予保持原貌。

我們看那個新南投發展基金會，大概他是南投人吧！他馬上就會到。他的著作很多，曾經出版的書有《臺灣貨幣供給分析》、《散播愛苗的人》，發表過的論文：〈迎接臺灣現代化金融藍圖〉、〈臺灣經濟體制的本質〉…，他現在是立法院財政委員會的召集人。我看這一大串也念不完，不如等他來講就是了，謝謝各位！

開場 / 高崇雲館長

各位貴賓、各位女士、各位先生：

今天，本館非常榮幸能夠邀請到在我們的國會、我們的立法院表現非常傑出的一位，目前是民進黨的立法委員——彭百顯先生到本館來做一次演講。

彭委員是文化大學的經濟學研究所的碩士，曾經擔任過文化大學銀行系系主任；中興大學、文化大學經濟系的副教授，財政部金融研究小組的研究員，財政廳基層金融中心的研究員，民進黨立法院黨團幹事長，民進黨立院黨團預算小組、財經小組的召集人，立法院財政、經濟委員會召集委員，現代學術研究基金會、台美文教基金會董事，新社會基金會、新南投發展基金會創辦人。

彭委員曾經發表過十冊以上的書籍著作，也發表過許多學術論文；同時，對於臺灣的經濟體制、經濟發展問題有相當深刻的研究。

　　彭委員跟我是同學，是在野黨非常理性、非常優秀的以理性而且純樸的問政方式在立法院做好一位好的國會議員。他的形象非常良好。

　　本館秉持國父天下為公的精神，曾經邀請過所有政黨的政治人物來演講，[2]我想，今天，彭委員一定會有一個非常精闢而且非常精采的演說。

　　現在，讓我們以熱烈的掌聲來歡迎彭委員！

/彭百顯委員

高館長、各位女士、各位先生：大家好。

　　今天，本人非常高興能夠到國父紀念館演講廳來參與週末文化講座。謝謝國父紀念館高館長的安排。當然，我個人感到非常惶恐的就是要到這個講座演講，基本上，我個人一直以為，做為一個政治人物事實上講話的空間已經夠多了，不應該再佔用任何比較有影響的空間，應該讓出更多的機會才對。高館長也相當熱誠，而且他是我的學長，我個人也很願意透過在比較一般而不是政治性的場合，來跟我們的國民、跟我們的同胞來交換一些意見。所以，也就很高興也很惶恐地接下這一個周末講座。

2　高崇雲館長之講法，反映當時的環境，雖然黨禁已開放多年，但社會的政治氛圍仍屬保守。作為本土性反對黨的政治人物，要運用社會公器宣達理念並不容易。作者能以民主進步黨身分公然大方踏上莊嚴殿堂之講座，當時也是抱持謙虛珍惜機會以赴的，就像本人曾以首位民進黨之身分接受具濃厚中國國民黨色彩的「工商建言會」邀請演講一樣之心情。

接受挑戰跨出專業

通常，對於各種演講，如果是講一般的財經或者是政治上的問題，我可以比較勝任愉快。但今天要講這個問題，我曾經跟我的國會辦公室的助理同仁交換意見，最後我們的助理同仁認為，如果一直以所謂的財經專業背景來凸顯或是來介紹彭百顯個人，相信這樣是沒有什麼值得驕傲的事情；問題在於一個國會辦公室或者是一個國會議員的成長過程，在我們的社會期待當中是不是能夠也比較軟性、低調一點，當然是更適合啦，所以，我很認真的來接下這個工作。接下這個挑戰，我願意以我個人從事政治或者是過去在學校、在財政部、在銀行的一些經驗，再融合個人的一些想法、心得來跟各位報告，請各位參酌。

今天的主題是「用文化智慧來莊嚴生命的美感」，我想提供幾點來就教各位，我的角度是「從經濟人生來邁向文化人生」。

大家都知道，「文化」是人類活動經驗與智慧的累積。這些累積，如果很正面，可以幫助我們人的社會，使得我們的生命更有價值或者是更有尊嚴。這些過程，當然都是可以莊嚴我們的社會文明。

這樣的一個文化過程，我們希望能夠合乎社會的每個人感到：「這樣做，可能是比較有價值」、「那樣做，可能是比較好」等等。這也是代表每個人的觀察。這些觀察有很多的角度，這些角度看起來是美的、是好的，或者是真理的，都是我們這個社會的不同期待。

　　因此，我想今天先用幾個經濟的指標來看看社會所出現的問題。我們生活在這個社會，我們處在這個時代，我們共同面對那些值得在生命當中一起來完成的事情。我用幾個經濟指標請大家來看一看。

經濟與社會

　　首先，我們可以看臺灣的經濟發展成果。以目前的國民所得平均來講，我們已經超過平均每人一萬美元以上。這樣的一個水準代表什麼？代表臺灣在世界將近兩百個國家當中，我們是位在前四分之一或前五分之一。

　　如果從絕對值來看，臺灣的貿易量，也就是臺灣的經濟力量展現在國與國之間，不論出口或進口，臺灣的貿易排名是在世界的前12、13名變動。這意思代表什麼？代表臺灣經濟所展現在國際關係之間，我們仍然是一個排名相當前面、規模相當大的一個經濟大國。

　　如果從外匯存底來看，也就是我們所出口創造出來的對國外的購買力，對國人而言，我們的國民如果需要購買國外所有的技術、財貨、勞務；那麼，臺灣人民所擁有的購買力，已經超過950億以上的外匯存底，如果包括黃金，我們至少超過一千億美元的外匯存量。這意思代表什麼？代表我們擁有世界排名第一、第二、第三這樣的一個水平。這意思又代表什麼？表示我們這個社會，以經濟角度來看，我們社會是一個富裕的本質。就潛在的購買力量而言，我們是富有的，我們的社會確是擁有比較強大的經濟力。

社會與文化傳播

其次，我們再看另外一些指標。

第一，我們看一下臺灣民眾參與文化傳播活動。用去年的調查資料，我們可以發現，有六成到七成的民眾每天都看電視，每天看報紙的有八成以上，看過雜誌的有五成五，看過書的大概有五成，聽過演講的一年聽過一次以上的有兩成。

我們可以發現，這是一個臺灣社會民眾參與的文化層面方面。由此，我們可以看到，電視是我們社會文化接觸的重要媒介，而報紙是文化接觸層面影響力比較大的一個傳播工具。[3]

如果透過演講，像在座各位聽過⋯不管是誰的演講，一年聽過一次以上的演講，調查資料反映才兩成左右，也就是說一百個人當中才二十個左右聽過演講；雖然電視媒體、報紙可以從廣度來看，但是演講它是從深度來瞭解。這個指標反映我們的文化傳播活動，是高度集中在那裡？高度集中在：報紙與電視。

社會與生活品質

第二，我們可以看一下大眾感受到的生活品質。由一

---

3 這種大眾傳播媒體的影響結構，也證實臺灣傳媒的發展歷史，在民主政治推動電子媒體逐漸發達以後，已經改變。目前，影響社會層面最大的工具，已非電子媒體莫屬。

般表現生活品質的環境調查顯示，民眾普遍認為我們的生活品質大不如前。這些指標包括：有七成以上的民眾認為交通狀況非常不好，比以前更糟糕；有半數以上的民眾認為社會治安比以前更不好；在社會公平方面，有七成以上的民眾認為貧富相差愈來愈大；有三分之二的民眾認為司法應該要改善；認為特權滲入到政府機關的情況愈來愈嚴重；認為政府貪污認為比以前更多、更嚴重的有一半以上，認為不嚴重的只有兩成左右。這是生活品質方面的普遍看法。

其次，在生活環境空間的民主政治，有六成五的民眾認為黑道人士進入民意機關的情況愈來愈嚴重。這些是我們文化生活的指標面，是從經濟力、從實質富裕的外部環境觀察。但是，我們如果再進一步看一下我們的生活品質、我們的文化影響，然後，再看一下生活環境的夢魘：在衣食住行方面，我們有死豬肉充斥、有病毒牛肉、有鎘米、有農藥的葡萄、有海砂屋、有輻射屋、有飆車殺人、社會敗壞、公共工程沒有信心等等。臺北市的捷運，「捷運」有人把它用在劫財盜人的「劫運」，類似這種指標告訴我們什麼？告訴我們：我們的生活環境可能愈來愈給民眾感受到不安全或者是不快樂。

經濟與文化

另外，我們再看一個指標。這個指標顯示文化水平。

我們每一百戶人家中，兩年前，訂有報紙的戶數是63％；訂有雜誌才16％，也就是說一百戶裡只有十六戶是訂

有雜誌的；而圖書出版數中，每萬人圖書出版種數平均才
只有6.5種。

相對經濟成長來講，事實上，我要表達的問題就是我
要介紹的，為什麼要用文化的智慧來莊嚴我們的生命。

我們再回顧一下我們的經濟生活環境：我們是富裕的
外在社會，但是卻是貧窮的內在人心。這樣的一個現象，
我要在這裡請各位在座的女士先生大家一起來面對我們貧
窮的內心。面對一個富裕的外在，我們要怎麼樣去調適我
們所生存的社會？

我用以上這些簡單的幾個經濟指標與文化指標做對
照：我們是不是應該可以在這個時候來檢討。也就是說，
從經濟人生邁向文化人生的過程中，我們來檢討幾個問
題。

經濟掛帥文化

第一個問題，檢討為什麼我們這個社會都是經濟在掛
帥？

舉例說，彭百顯在國會是財經立委，特別被凸顯是專
業財經立委。事實上，國會議員本來就是應該為我們整個
國家，不管是財經或者是社會、教育或者是國防、司法、
文化等等一起來做。但是，當背景被凸顯出來，讓人家感
到財經立委何以被強調，是因為從財經的角度來講。財經
一般來講就是經濟，經濟是生活的重心。

一般而言，學經濟的人很少願意投入到政治層面，尤
其，學經濟的人更少投入到政治層面中反對運動的角色。

原因在那裡？有人說是「吃太飽了」。意思是學經濟的人可以去賺錢，結果卻去從事政治，自己不去為自己的家人造福，真是吃飽了沒事？所以，在這裡面先講一個問題：為什麼是財經掛帥？我們來檢討一下。

經濟是社會的基本問題

臺灣的社會或者是先進其他國家的社會都一樣，生存是每個人所面對最基本的問題。從國家來講，要解決人民的生存問題，是領導者、決策者、執政黨的責任，所以，生存有一個最重要的特徵，就是：生存是要滿足人民各種生活的需要。每一個社會必須要面對。

我們可以發現，生存這個問題，從有人類到現在，甚至到未來，我們都可以這樣講：「只要有人類一定有經濟問題」，「只要我們追求現代化」或者是「只要我們追尋比較美好的明天」，就「一定會有經濟學家」。

這是一個永續的經濟人生。也就是說，經濟從有史以來到未來，都是我們所須面對的。

經濟需求的層次

生存，基本上我們人活在這個社會都要滿足慾望，人都有很多的慾望。追尋慾望的滿足，好像說我們這個社會要吃的，臺灣有兩千一百萬人口，那麼要滿足兩千一百萬人口一天吃三餐，不管你是吃米飯或吃小麥麵包，有人要吃麥當勞，有人要吃麵包…等等，這些都是需要我們這個社會有能力提供來滿足。要滿足這些慾望，當然我們要有

各種條件。像有人要吃米飯，我們必須要有農夫來耕種稻米，我們也必須要有生產肥料的工廠來滿足種稻給我們人民能夠吃米飯的農夫需要；而要吃小麥麵包的，我們就必須要去種小麥，由於臺灣沒有生產小麥，但是有人要吃水餃、饅頭、麵包，我們勢必要去買小麥來生產麵粉；也爲了需要更多的麵粉，就需要透過我們的出口去賺外國人的錢，再拿賺取的外匯來買美國的小麥或者其他國家的小麥進口到臺灣，來生產製造出各種麵食製品。這些是從吃的角度觀察。這就是我們食的經濟關聯文化。

　　此外，我們要穿、我們要住、我們要坐交通工具，像這些衣食住行的所有發展，在過去一直到現在，每個社會不同的進步階段過程，就是愈來愈富足的條件滿足給人民。這樣的環境，就需要有相當多條件來配合。其中，當然就代表一個時代是不是比以前過得更美好、更快樂，那麼，這就有比較。所以，我們就這樣講：過去我們是農業社會進到工商社會，進到現在是一個工商繁榮的社會。它所反映人民的感覺，現在生活比以前過得更好，尤其是這一代的人民。

比較帶來進步

　　由大陸來的同胞更會感到在臺灣的生活，遠比過去在戰爭時期或者戰爭前後大陸的生活可能會更好一些；在臺灣本地的同胞，則會感到現在生活比日本統治時代要好。這就是比較。他們怎麼樣比較？一般的比較，都是用以前沒有電視機，現在有電視機；以前沒有電冰箱，現在於夏

天也不用怕食物會壞掉；以前洗衣服都是用手洗的，現在是用洗衣機，甚至於雨天也可以有烘乾機。這些是代表什麼？代表我們社會的物質文明已經比過去進步。這種物質文明建立的經濟社會，基本上，會鼓舞我們的人民不斷去提昇物質文明，來滿足我們這一代社會的需要。

所以我們講說，一個人的經濟人生，事實上，包括每個家庭或者是一個社會，人們都會不斷去創造更多的條件。例如：住得更好，坪數愈來愈多；以前用收音機，現在有錄音機；像我年輕的時代有 walkman 隨身聽帶著滿街跑，現在有CD；有更高品質產品的創造。這些創造，如果用這樣來比較，我們發現日本社會的經濟力非常高，是世界的經濟大國。那麼，比較臺灣，我們是不是更進步？是更進步啦！所以，這個時候我們說「經濟掛帥」很自然的。是人民在評估他們的生活是不是比過去好？是不是比別人好？

由物質層次到精神領域需求

在經濟掛帥的現象中，評估領導者或統治者，「我們可不可以繼續支持他」？往往都是用物質文明來做爲人民評估的一個指標。我們可以這樣講，如果一個社會帶來人民感受到已經沒有缺乏了，這個時候，人民才會開始去檢討我支持的領導者、我所住的社會環境，是不是應該要有更高的物質文明，也開始強調重視精神文明，包括要提昇我們的精神層次。

我們開始要求更高品味的東西。過去只要求吃得飽，

吃飽就夠了；現在，不但要吃飽也要求吃得好；吃得好又不能吃得過好，適當好就好。好像我最近去臺大醫院身體檢查，檢查結果出來，膽固醇過高、脂肪肝過多，這意思代表什麼？代表我們這個社會的人民不但要吃飽、要吃好，現在要吃好又不能夠影響健康。代表我們對品質要求愈來愈高。我們講這個意思代表什麼？代表一個領導者的條件：要帶領這個社會走向「人們活得更好、更滿足、更快樂」。事實上，我們不能夠只有要求物質的進步。物質進步是經濟條件所帶來的文明力量。

我們有這麼多的外匯存底，我們要問我們的人民：「有這麼多的外匯存底、有這麼高的國民所得，我們的人民快樂嗎？」現代的年輕人所面對「只要我喜歡，有什麼不可以」，這樣的一個號召，代表什麼？代表他們的人生價值，跟我們的時代、我們祖父母的時代，事實上差距愈來愈大。這個代表意義，從經濟的人生社會來講，表示社會物質文明的文化建立進展到一階段以後，我們的社會「行有餘力，則以習文」，溫飽之後才可能去要求更高的不同文化文明。

文化比較抽象，代表社會精神與時代精神。文化文明的進展，我們不只要吃飽、要穿好，我們穿的要有尊嚴，我們生活要過的有尊嚴。這種要求，在一個進步的社會自然就慢慢變成主流。

經濟掛帥的真面目

臺灣社會也從過去的物質文化進展到重視精神文化文

明的時代。我相信，這就是開始檢討「經濟掛帥」這個主流的反應。檢討「經濟掛帥」，對經濟的內涵就要還它原來的面目。

　　做為一個經濟學研究者，我一直對經濟學被誤解感覺到有一點委曲，因為一般的認知，經濟學就只是要求滿足物質而已。事實上，簡單講，經濟學所創造要滿足人類的需求有兩方面：一個是財貨。財貨就是各種東西，各種可看得到、摸得到的東西。另外一種是無形的，就是勞務。勞務包括醫師、教師、律師、會計師等的服務，以及觀光、安全、文化財等的提供。這些都是經濟學所探究的。

　　所以，我們把經濟慢慢還原它真實的面貌，這個面貌是什麼？社會的物質面跟精神面。我要強調，「經濟掛帥」未來仍會是主流，只是過去掛帥和未來掛帥的重點不一樣，但都希望它健康發展。

　　我們說，膽固醇是因為血液裡面可能阻塞血管，所以阻塞是因為生活物質面夠好，大家吃的太好，所以產生對健康有所威脅。要健康能夠繼續維持下去，這個時候我們就必須要強調多運動，多運動脂肪肝就會少一點。你不要吃太多肉，青菜多吃一點就可以平衡。像這種問題代表什麼？代表平衡。

人為慾望追尋生命的滿足

　　對於經濟掛帥，我們希望引進新的經濟學的內涵，從經濟角度還給經濟學原來的面貌。

　　人有慾望問題是很難解決。我相信，每個人都有慾

望，有吃的慾望，有各種要求更快樂的慾望；這些慾望，我想是上帝造人所產生。上帝造人我覺得是比較殘酷，因為，祂所造人的環境，就是祂把人放在一個物慾洪流的社會；祂把人拘泥在這個不斷要求、不斷去追尋慾望的社會。

雖然，祂把人放在物慾洪流社會，但是，祂又要求人要遠離這樣的社會。這是個問題。祂給人每天都在慾望當中，因為，最簡單的生命力來自那裡。

上帝造人，祂不能每天去看去觀照這個人是不是合乎上帝的要求，所以，祂在造人的過程中，祂給人肚子會餓，所以，肚子餓了人勢必要去努力工作賺取所得，以換取能夠滿足肚子餓的慾望；要吃飯了，吃飽了就不會餓，不會餓就感到會滿足舒服。每個人最好就是心中無慾望，就可以達到一個最高的快樂境界。

但是，上帝造人就是每天給他一天想三回，肚子餓了要吃東西了，早上肚子餓就想要吃東西，中午又肚子餓了又想吃東西，晚上也這樣，所以一天想三回，天天想年年想，想到人死為止：在吃的方面，人必須要去解決。如果不解決這個問題，就會餓，會餓就會感到不快樂、不滿足，這是從肚子來講。

事實上，我們人是七情六慾的動物。

你有眼睛，喜歡看美的東西。假若白嘉莉、崔苔菁穿著泳衣從這邊走過去，我相信很多的男士，女士也一樣，大家的眼光並不是看在我這裡，而是看白嘉莉、崔苔菁穿泳裝的模樣。這代表什麼？代表眼睛喜歡看美麗的東西。

耳朵喜歡聽起來舒服的樂音。所以，有人住在打鐵店的旁邊，每天聽敲敲打打的噪音，就感到很不愉快；但是，如果發現可以到國父紀念館來聽交響樂，例如星期一有「島國旋律」，大家聽一聽我們同胞自己所創造出來的音樂，就會感到很愉快。這代表什麼？代表人的生活從過去聽起來不好忍受、看起來不太舒服的環境，開始去追尋比較好的空間。我們其他的感覺也一樣。所以，人是在爲慾望中去追尋他生命的滿足，追尋享受生命。

經濟涵蓋人性的感覺

　　人的生命，事實上，人是從經濟物質滿足以後，才追尋精神文明。但是，經濟這個問題並不是只有物質。經濟所涵蓋的，是滿足人類一般所需要的各種七情六慾，以及各種條件之外的感覺，這種感覺也包括觸覺和心裡的感覺，這必須要有更高的經濟條件。

　　人們想要聽交響樂，站在社會來講，如果可以供應交響樂給人民享受滿足，那麼，社會對交響樂的慾望就獲得滿足。像我過去在高中、大學時期，我一直很期待能夠去欣賞芭蕾舞劇，但直到現在，實現欣賞的機會並不太多。又好像我從初中時很喜歡看日本片「禪巴拉」，但是，到高中以後一直看不到，因爲政治上限制日本影片進口。

　　像這些問題，我只是要表達一個觀念，就是：人們的慾望如果不讓他去滿足，他就會用各種條件去追尋，如果追尋不到，在心中就留有無限遺憾。如果，只是一個人的遺憾，還沒有大關係，但如果眾人的遺憾就可能變成社會

的悲哀。於是悲哀慢慢潛藏在我們這個社會，就代表存在一股無形強大的抗爭力量。

從經濟人生到文化人生

所以，類似這個問題告訴我們，一個人活在這個社會，假設你是國家領導者，你就要滿足國家人民的各種需要。從第一個需求層次開始，人是在不斷滿足慾望中前進來享受他的生命。這也就是我講「經濟人生邁向文化人生」是一個經濟社會進步，一個時代進步，必然面對的問題。

但是，面對這些問題，我要強調，我們會面對人性與經濟文化的特徵，若能適當處理，未來的水準我們將能夠更高。以下我提供幾點給各位來思考，這些並沒有很深的學問。但是，我們如果稍微面對的話，我們就會感到好像是這樣。這個問題，事實上就是真理。

人性有多重特徵

我先講人性。我強調人性有兩個特徵，這兩個特徵跟我們的經濟生活有密切關係。人有經濟生活，就會追尋經濟文化；從經濟文化，人就會追尋人生的文化與人的價值、生命的意義。所以，它是有一連串的關係。

從人性的基礎來講，人有各種慾望，而慾望有兩個特色。這兩個特色就是以下我要強調的。做為一個不管是企業管理的角度，或者是政府管理的角度，或是一個生命藝術的角度來看，事實上，文化都脫離不了這兩個人性特

徵。

慾望有再生性

第一個特徵，人的慾望有再生性。

再生性就是它不斷地會生出慾望。經濟學告訴我們，慾望的一個特徵是：它滿足了以後，一定會產生第二個以上的慾望。這就是再生。

例如說，現在很冷，也很餓，請問你先滿足什麼慾望？假設你只有一個行動，在很冷跟很餓之間，你會先滿足其中之一，不然，不是餓死就是冷死；這個時候你先求不要餓死；但是，餓死、冷死如果都很嚴重，就已經到達先抓到什麼是什麼的地步。不過，正常情況，如果肚子餓了，有麵包吃，就感到很快樂；當時不會要求要吃魚翅、不會要求吃龍蝦；這時，有一個麵包也好，你就會感到這麵包很好吃，這個時候滿足的程度很高。但是，等到麵包吃完以後，感到肚子開始飽了，飽了之後再拿麵包給你，你就不會感到很好吃，這個時候，你會想其他較好吃的，如肉包、魚排、牛排…，這時候你會要求更高一點。所以，慾望隱含什麼？慾望有再生性。這種再生性源源不斷，每個人都一樣。這是第一個特性。

慾望有變化性

第二個特徵，人的慾望有變化性。

人的慾望是會變化的，會隨著年齡的不同、時間的不同、教育的不同而有不同的慾望。我不知道在座各位在國

小或者是初中時寫作文，寫「我的願望」到現在的願望，是不是跟你國小、初中時之願望一樣？我想，在我的時代，當時我們的願望是：我要當老師，當科學家，當藝術家，我要當飛行員…，各種願望都寫過。但是，現在我們把時間往前推回去，發現以前的願望跟現在好像不太一樣。以前，我們不敢講說我要立志當總統，但類似這樣的慾望，我想從現在開始就有很多的小朋友或者是很多的青年朋友，就要立志當總統。

慾望代表什麼？慾望會變化的，會隨著年齡不一樣而改變。隨著地點不一樣，也會變。假設住在農村社會，如果有電，有電冰箱，有冷氣機，你就會很滿足；但是如果住在都會區，你的慾望就不一樣。經濟學告訴我們，慾望會隨著時間、隨著地點、隨著學識、隨著人的認知、隨著人的閱歷，而不一樣。你今天在臺灣的慾望，與到美國去可能就會不一樣。但是，等你到太空去，你就會發現生命很可貴，能趕快回去最重要，因為，說不定有什麼變數，結果回不來。所以，人的各種慾望是不斷的變化的。

人的問題產生文化

作為一個領導者，要滿足這麼多人不同的慾望，你怎麼做？你會做不完，而且，會應付不了。所以，由於慾望的第一個特徵，永遠不知滿足是人的特性。

由於慾望的第二個特徵，我們永遠不知道怎麼樣去應付滿足人與人之間的關係最難處理的問題。

這是人的問題。但是，當我們把人的問題，擴大到人

與人之間的問題，也就產生人類問題，即人類文化；也因為這問題，所以產生人類面對什麼樣的社會文化；而面對生活文化中經濟的處理方式問題，也就產生面對怎麼樣的經濟文化。因此，由人的文化就衍變產生三種文化了。

我們繼續分析人的問題。首先，我們可以發現，人是有很多的慾望，很多的慾望有再生性、有很多的變化性。所以，我們在處理個人的慾望、處理更多人的慾望時，文化就產生了，經濟學也應運而生了。

經濟文化就是理性文化

經濟學發展到現在，大概兩百年的歷史，經濟問題把經濟學變成一個科學。經濟文化就是理性的文化。

所謂理性的文化，就是重視大多數人，重視大數的價值，不是少數的價值。經濟學強調理性，代表什麼意義？假設社會上有很多東西給人們選擇，人們的選擇一定選擇價值大的來替代價值小的；這樣的選擇方式，你選擇也是這樣、他選擇也是這樣，另外第三人選擇也這樣。這就是理性。經濟學處理選擇這個問題。因為，選擇的問題很複雜，每個人的慾望，每個人的條件，都不相同。

感性是社會常態，沒有標準答案

相對理性，就是感性。感性是人生的常態。什麼是感性？舉例說，我們打開中廣每天晚上十二點李季準主持的廣播節目的話，一開始他用很感性的聲音講：「李季準感性時間」。這是感性，就是他的聲調講起來很感性，給你

聽起來感覺好像跟一般不一樣。

　　理性是很嚴肅，很冷酷，它不講究人性、人的感覺。而感性的問題，感性沒有標準答案。你的感覺漂不漂亮，他的感覺聽起來舒不舒服，答案可能都不一樣。有人喜歡綠色，像民進黨的顏色，看到綠色就很興奮，但是，如果反對民進黨的人，看到綠色就很敏感，就有綠色恐怖；[4]相對的，有人喜歡藍色，中國大陸喜歡紅色，赤化的顏色。所以，那個顏色最好，最漂亮、給人家感到說最喜歡，答案都不一樣。因為，這叫感覺，感性。

　　社會上的人都是有感情的，有感情的社會很難統治，很難處理，很難讓大家一致化。所以，我們有感性的問題和理性的問題要處理。

理性是處理眾人的好方法

　　一個成熟的社會，理性應該是處理眾人問題的方法。也就是說，對眾人要解決的問題，用理性來解決應該比較有價值的，比較好的。如果治理是憑個人的感覺來決定江山，以自己個人的喜怒哀樂來決定國家體制，以自己的高興與否來認定公共政策應該怎麼做，我相信這是專制社會，是獨裁的社會。在民主時代是不容許這種情形存在的。一樣的道理，我們的經濟政策、文化政策要怎麼做？

4　如此現象，正是臺灣民主政治尚未成熟之前的表徵。正如本次演講，雖然我已盡可能淡化政治色彩，但仍有聽眾興趣於我的立法委員身分而關切立法院的觀瞻，故於演講結束後在Q&A所提出的問題焦點仍然放在國會動態。為了存真，本文仍把Q&A內容顯露於文後。

我們希望以理性的角度來面對問題。

理性的選擇邏輯

　　什麼叫理性？剛才已大略講過。以下我們再用經濟學的處理思維來說明。經濟學處理選擇的方式，假設有ABC三種選項，ABC分別代表三種不同的行為、或三種不同的東西、或三種不同的價值；如果我們知道它們的價值是A大於B，它的關係式就是A＞B。如果A＞B，你一定會選擇A捨去B；如果B＞C，你一定會選擇B捨去C；如果在A、B、C三種選擇中，你會選擇A來替代B及C，因為A＞B＞C。這是一個簡單的公式關係。

　　我們隨意舉一個例子，假設A是鑽石，B是紅寶石，A與B是兩個東西，暫不說你家的鑽石很多，就正常情況，有鑽石及紅寶石兩種東西給你選擇，你會選擇什麼？答案是：選擇鑽石。如果如此，就認定你是理性的。

　　問題是，東西不只A、B兩種時的選擇是什麼？另假設第三種東西石頭，叫做C。C不是外太空來的石頭，而就是一般的石頭，若三個東西給你選擇，你怎麼選擇？答案是：A鑽石。就是說你選擇鑽石來替代紅寶石，並且替代石頭，那麼，經濟學就認為你有理性。這代表什麼意義呢？問題是這樣的選擇本來就是正常的推論，給你選也這樣，給他選也這樣。

　　再舉社會上爭議的案例，興建核四廠，這時就要針對可能的選擇：水力發電、火力發電、核能發電…等，就它們的發電價值評估，比較它們的正面價值與反面代價以

後，再去評估選擇成本。如果大家能夠從這個角度來談，那麼，這是一個理性的社會。

　　總之，在經濟社會的各種選擇項目中，如果A＞B，你會選擇A來替代B，這是理性；如果B＞C，你會選擇B來替代C，就是理性；由於社會上不會單純只有兩個選擇，亦即一定有三個以上的選項供你選，你要會推論：如果A＞B；而B＞C，很自然的，你會認定A一定會比C好，所以，在三項選擇中，你選擇A；如果你做這種推論，你是理性的。

理性文化

　　社會行為用感性來決定，是否適當？例如，假設我在上課堂，在黑板上畫一幅畫，隨便畫，然後，署名彭百顯畫。

　　我問班上同學：「這一幅畫漂不漂亮？好不好看？」我測驗我的學生。

　　「一號，好不好看？」「老師你畫的比我家幼稚園的弟弟畫的還難看。」我說：「你這個學期補考。」

　　「二號，好不好看？」「老師，比幼稚園畫的好看，但是也不怎麼樣」。我說：「你下個學期再來重修。」「三號…」

　　已經有幾個同學發現說「講不好看的都要重修、都要補考」。然後反應：「老師，你畫的比畢卡索還漂亮」，「很像什麼藝術家畫的」。我說：「這個學期給你80分」、「90分」。

像這樣憑感覺，你的感覺，我的感覺，彼此在那邊比較，比較出來「補考、重修、80分、95分…？」。

所以，我們面對一個問題：選擇的標準是什麼？答案是：感性沒有標準。因此，理性的文化是我們所必要的。以多數來取代少數，以大多數的價值取代比較小的價值，應該是被允許的，而且是正常的。如果我們都這樣認定，那麼，這就是一個理性的文化。

有效文化

其次，第二個方面，我要針對經濟社會處理人的問題原理導給大家參考。

經濟處理人的生活也包括精神層面。我們用理性的作為來取代感性是對的。但是，理性絕對不是單方面的認知，例如，執政黨過去常講要「理性的溫和改革」，應該不是只有執政黨講的是理性，反對黨所講的就不是理性。理性絕對不只是當事人一方所講，理性是看行為是不是合乎多數人的要求，這才是社會的評估標準。

在處理經濟文化中，有一個方式就是對人性的處理原則。因為人性的特徵，如剛才所講，有慾望的再生性，有慾望的變動性；所以，經濟的處理方式，首先強調以理性的文化來替代感性的選擇，這是第一個原則。

第二個原則，就是有效性。我們處理問題，解決問題，是講究有效的實際文化。也就是說，處理問題應有的一定有效性。有效是指有能力來滿足需要，有能力來解決問題，這是經濟學的處理方式。

有效需求

舉個有效需求的例子。假設我有很多的慾望，例如，我居住在南投，每個禮拜六、日要回南投故鄉去服務我的選區，一個禮拜至少有八個小時在高速公路上，有人說：「世界最大的停車場在那裡？」世界最大的停車場在臺灣的高速公路。每次假日或過年過節，高速公路都是塞車，停在路面動彈不得，連路肩也走不動，都變成停車場。當我每個禮拜八個小時在高速公路上，塞得動不了，我就有一個慾望，如果我的車子「能飛過去多好」；接著出現「不用開車，坐飛機回南投多好」，種種慾望就都出來了。但是，我們要問：這個慾望有用嗎？

我在想，如有飛機能把我載回南投，載回埔里，就解決了我一個禮拜八小時在高速公路上的困境；但是，就是我很有錢，想要買一部飛機，從臺北飛到埔里去，有沒有用？事實上，是不切實際。如果，有這樣的慾望，然後我很理性去賺錢，用的不是偷的，不是用其他的特權，努力賺錢，賺到錢可以買一部飛機的程度，但是買飛機可不可能？答案也不可能。因為，這就是無效的慾望需求。

所以，在經濟上，處理人們需求的問題，處理社會的問題，我們是講究有效的實際文化來替代無效的或者是幻想的作法。因此，我們可以發現，經濟學家解決經濟問題是著重在有效原則。

反攻無望論？

　　我們再進一步講一個比較爭議的問題：有效？無效？我們要用實際來解決幻想。

　　我們把時間往前推，推到雷震時代，推到胡適之那個時代。當時，《自由中國》雜誌上有一篇論述談到反攻無望論的觀點。在臺灣的條件，我們怎麼去反攻大陸？

　　這個問題是實際有效與無效或理想之間的認知有關。認知不一樣，就出現爭議，因為實際上沒有標準答案！就現在看來，「反攻無望論」好像是先知，好像當時就看得很清楚。但是，有人認為反攻再怎麼無望，時間再過一百年、再一千年，我們勢必會統一。

　　這樣的講法，未來是有可能。但是，人的生命有限，生活的選擇就要注重選擇的有效性；不要把生命投入在一個無效的或者是幻想的作為。這樣的文化，是我想要強調經濟學處理問題原則的第二個方面。

　　第三方面，我很快的講，由於經濟學處理人的慾望的變化跟再生性，所以經濟學的問題是總體的，永續的。總體的文化來替代一種局部的文化，永續的文化來替代階段式的文化。這是經濟學原理。我想，運用這種經濟文化，我們慢慢已經知道要怎樣面對更美好的未來。

人的問題在那裡？

　　社會進步就是利用這三個方法或原則。先進國家過去是這樣，臺灣要走向更現代化的未來，我相信面對複雜的人的社會，這也是我們解決問題的方法原則。

　　問題在那裡？講到這裡，我要強調一些小結論：理想

的遠見往往都抵擋不住眼前的短視。也就是說遠見是擋不住短視的。

人都很有遠見，看到明天，看到未來，看到我們會碰到什麼問題，但是，這些問題往往擋不住現實的利益。這問題提醒我們，「有理想，但是，理想擋不住現實的壓力」的實際問題。

買票文化：私利與公利之間的選擇

我們人民都知道，選舉的時候不要投給向我們買票的人。但是，問題是買票文化，在臺北可能會比較低；在鄉下，例如在南投或在更偏遠地區，就不是如此。

我們不斷呼籲，不要選給買票的人，因為選舉文化，如果你選給他，他選一次立法委員一下子要花好幾億，有的地方花五億、三億，臺北市以前有花到七億，你會發現說奇怪這些人為什麼要花那麼多錢去選舉？像我一個月領十幾萬的立法委員的公費跟歲費，助理費有二十幾萬發給助理，到現在，我還沒辦法把領到的錢放到我的口袋裡面，大部分用在國會辦公室都沒有了。如果，就是都自己拿來用，一個月十幾萬，一年有一百多萬，三年有三、五百萬，但請問為什麼有人願意花一億、花三億去選一個立法委員？人家說這是不是瘋子？

選舉買票是理性的？

如果他是有理性的，三年賺下四、五百萬，但卻要花上三、五億去選舉，這樣算不算理性？當然，沒有理性。

問題是他真的非常有理性，因爲，有一些別人看不到的無形利益在裡面。這就是選上立法委員以後，有人會去做一些特權的工作，去包工程，去做一些利益輸送。

這個問題，誰要負責？不是只有立法委員個人要負責而已呀！我們的社會也應該負責，尤其，選民要負更大的責任。你選他，他若去做一些利益輸送，做特權的事情；對社會來講是損失。但是，如果很多的選民都選擇這種投票行爲，我們終究還是要接受。因爲，我們是民主社會！

看不清理想與現實

所以，我剛才講「理想和現實」之間，往往有時候看不清楚。這問題代表什麼？

剛才的例子，向鄉下選民買票，有選民說「拿人家的錢不投給他不好意思，良心不安。」這又代表著什麼？反映他的心理狀態在比較這問題的時候，雖然有很多的理想，有很多的公共利益；但是，理想往往擋不住現實的利益；遠見擋不住短視的攻勢。這是我的第一個小結論。

供給文化：有限與無限之間的選擇

第二個結論，我們的供給有限。

人們的慾望很多，一個社會要供應給人民滿足的條件，有時候都是不充分的，是有限的。所以，有限的供給是擋不住無窮的慾望。這個道理也適用在社會一般人。我們往往用有限的知識來解釋無窮道理，這個時候，我們都會做錯事。

你相信有鬼？

我們假設做一個測驗。我請問在座，「你相信有鬼嗎？你相信有沒有靈魂？」

你問大家，有人認為那裡有鬼？人死掉就沒有了，根本沒有鬼。

再問為什麼沒有鬼？因為沒有看過嘛！沒有感覺過嘛！

所以，結論是用他的知識來解釋說有沒有，是憑著他的感覺，他的知識來解釋。這樣往往會錯的。這就是我們講說「用有限的知識來解釋無窮的道理」的時候，那一定會發生錯誤。

所以，人家如果在問你，外太空有沒有人？有沒有鬼？有沒有靈魂？像這種事情，我的建議是這樣的：不要感覺看不到，就把他否定。好像說很多東西你看不到，就否定看不到的東西。像我們的眼睛有障礙，就看到這面壁而已，但牆壁那邊有什麼，我們看不到。

知識不充分的障礙

我們有很多的障礙，我們有智障，有各種知識的障礙太多，因為知識不足，條件不充分，所以，就只有這樣講：「不知道」。你不要裝懂。「有沒有鬼？」「沒有，我不曾見過，所以沒有鬼。」其實，可能鬼就在我們旁邊。

所以，有時候很難講。不過，現在我沒有時間來舉例

子，我只是講說「用有限的知識來解釋無窮的道理」，我們一定會發生錯誤。

我們面對社會的經濟問題，由於我們解決的方法有限性，我的小結論是：我們真的面對有限的知識要滿足無窮的道理，是不夠的；有限的經濟條件要滿足人類無窮的慾望，是不夠的。而我們的理想擋不住現實，這問題怎樣解決？這是另外問題。

經濟的哲學問題

我要再延伸一個問題。因為人性與經濟文化，都有這些選擇的矛盾問題，於是形成了經濟哲學問題。

社會經濟文化有幾個特徵，我很簡單講三方面。我們社會所擁有經濟文化與經濟的特徵，像剛才我所舉的例子這樣，那麼，我們的社會面對什麼問題？我們檢討一下。

時間的矛盾

首先，在目標的著力點方面，往往出現有短期與長期的矛盾。短期就是我們馬上要解決，例如，颱風過了，物價很高，買蔬菜水果價格很高，這是短期的問題。物價很高，是不是要供給大量種蔬菜來解決颱風以後面對的高物價？不一定，這是長期的問題。這個時候政策不一樣，其中，有短期問題也有長期問題。

我們現在要不要制定一個有利於長期的體制？現在貨幣供給量要增加？還是要降低利率？提高利率？那一個才是對的？因為有短期考慮跟長期考慮，有個體考慮跟總體

考慮。

現實派與理想派

因此，我們的經濟文化，就形成有人重視長期，有人重視短期。延伸的結果，就有現實派和理想派出現。所以，我們這個社會永遠需要經濟學家，政策永遠是現實派解決當前的問題，理想派解決未來的問題。那一個對？那一個錯？

事實上，都對，也都錯。問題是我們要解決什麼問題？怎麼樣解決？我沒有答案。我只是告訴各位，我們有這些問題，然後有這些文化，自然形成社會的階級，形成社會的族群，因此就有現實派，有理想派產生。

保守派與進步派

另外，因為處理問題的手段、做法的不一樣，也產生不一樣的效果。有成長第一，要求不斷進步；有說不要進步那麼快，要安定一點。這是臺灣經濟社會最普遍的現象。

很多人要求政府，但你不要期待我們有十全十美的政府，有人認為這個政府已經很不錯了，不要再要求了。這是代表什麼？代表政府政策在成長與安定之間的選擇。因為，安定派跟成長的做法不一樣，因此，就會產生改革派與保守派。保守派主張不要動最好，一靜不如一動，這就是保守派。改革派是希望進步的，進步派就是改革派。改革派又分兩類，一個是要革命派，因為他已沒有期待；另

一個就是溫和派。在保守派又分穩健派及反動派。像這種不同的派別，問題是什麼？因爲著手的方法不一樣，目標是放在成長還是放在安定，就會衍生出社會有不同的派別主張。前面提到現實派、理想派，現在又有改革派、保守派…，像這些問題，通常是因爲著眼點、作法可能考量不同，結果就造成不同的景觀和結論。

思想哲學的派流

最嚴重的，我要強調意識和思想方面。

從經濟社會來講，有人認爲要強調社會福利，有人要強調公平分配。主張不要貧者愈貧，富者愈富，財富與貧窮間拉得太大不可以，所以強調公平；工作只是做八小時，大家做八小時，你貢獻一百分，他付出二十分，但是大家分配要平均。而有人認爲，一分耕耘一分收穫，努力的人得愈多，不努力的人得愈少。所以在思想意識上經濟福利方面就分爲兩大主流，一個強調公平、社會正義，走向社會主義派的意識；另外，強調尊重人性自由的、市場自由的，就慢慢變成資本主義的市場經濟意識。這兩派弄得最後很極端對立，就是歷史上過去的集權主義跟自由主義的世界兩大陣營。這兩個陣營由於哲學理念的不同，弄成世界上有集權派，有民主派、有自由派。

經濟哲學與體制

你可以發現，經濟哲學，從人的慾望，一直演繹推論到我們這個社會，影響我們的生活、影響我們的文化，最

嚴重的不是只有目標著力點與現實理想之間的問題，目標不是只有我們的做法要快還是要慢的問題，而是我們的思想意識所造成全球兩大主流的對立。

這兩大主流，我用一個例子說明給各位進一步來感覺，來體會問題。因為牽涉到的哲學，不只是經濟哲學，也牽涉到政治哲學，以及一般的文化哲學；另外，牽涉到體制，自由體制，還是集權體制；同時也牽涉到文化，以及生命的價值關係。因為問題很大，所以，我希望我簡單這樣講大家可以體會。

1776：政經哲學主流的誕生

我用這個例子給各位來體會。我想把時間倒退大約兩百年前，用1776年這一年當做指標。各位可不可以體會一下，1776年，對人類的文化、生活的歷史來講，在經濟、政治上都一樣，它改變了人類文化的歷史。

1776年有兩件大事改變了人類的政經歷史、改變人類的文化哲學、體制與人類生命的命運；在不同的地區人類，就享受不同的命運。你的哲學、意識，完全被界定了。

美國《獨立宣言》：政治民主的肇建

第一件大事：1776年是美國大革命的開始，那一年他們發表了一篇《獨立宣言》，強調人類生而平等，統治者的權力是來自於被統治者的同意，被統治者對統治者表示意見抵抗是合理者。這是美國的獨立宣言。這個歷史在人

類來講，是開始走向民主政治，開始對權威挑戰。因為美國是一個新大陸，對抗大英帝國統治，從1776年美國的革命戰爭迄至結束以後，建立了人類歷史上一個民主社會體制的開始。所以，在政治上，從那一年指標一直到現在，各位可以看到政治上不斷挑戰的就是對抗集權控制，以自由、民主來對抗。

從1776年到現在，政治上是從民主人權來對抗專制集權。1776年從美國獨立戰爭發表獨立宣言，到現在為止，我們幾乎都脫不了美國獨立戰爭的這篇宣言，強調政治要求民主自由。

1776在經濟方面，也不會比美國獨立宣言的影響更小。我認為比政治的影響力更大。在經濟方面，1776年，亞當斯密發表了一本著作，調查一個國家怎麼樣更富有富強，這一本著作簡稱叫《國富論》。

《國富論》：經濟的自由競爭

《國富論》是在經濟上畫下追求經濟自由對抗控制經濟非常重要的一本著作。這本書在經濟學界被稱做經濟學的聖經，也把亞當斯密稱做經濟學之父。事實上，這本書不只是影響政治。

我要特別強調，1776年在人類歷史上，從政治的角度與經濟的角度，一個在美國，一個在英國，同時為人類文明劃下一個截然的分水嶺。這個分水嶺仿似把一個地球切一半，有一半的地球人民，居住在這一半地球的土地上，接受一本書的影響，大約是兩百年；另外一半的地球，也

包括將近一半地球的人民，居住在一半地球上的土地，也接受一本書的影響，也大約兩百年。

亞當斯密與馬克思

各位可以發現，一半的地球接受亞當斯密《國富論》這一本書的影響；而另一半的地球接受馬克思《資本論》這一本書的影響，兩者幾乎同時影響整個地球。《國富論》影響決定了資本主義的思想；《資本論》影響決定了共產主義的思想。他們分別決定人類不同的生活方式，決定不同的經濟體制與政治體系的運作，主導人類發展。

1776，《國富論》出版，強調經濟自由，政府決策管理愈少愈好，政府除了司法、教育、國防以外，最好什麼都不要管。這是強調自由的理念。自由對集權，我相信年輕的新新人類一代可能沒有強烈的感覺；但在我們這個時代，可以發現共產主義與自由主義、民主主義對峙幾十年，從二戰後到現在，大家都可以感覺到。生活哲學強調，在地球上所灌輸的，要社會有公平、要社會有正義；人權大家都一樣，不管聰明才智大，還是聰明才智小，在這個社會大家都應該有飯吃，這是強調公平。社會強調正義的，所以，分配強調平等。但是，另外一個社會，像臺灣的社會，我們強調自由、民主，強調法治，強調一分耕耘應該有一分收穫，強調聰明才智愈大者他所擔任的角色就要愈重。這代表什麼觀點？代表人類社會的生活制度。

歷史思潮波及兩岸人民

　　截然不同的經濟哲學，引申出人類截然不同的生活方式。生活體制對我們人的生命來講，有人說：「你有夠衰，生存在臺灣。」住在臺灣自由社會，會感到自由社會可貴，會感到我們有「四萬萬五千萬苦難同胞，在大陸要我們去解救」[5]；但是時間過了二十年，換了我們這一代的新人類，如今，有「十萬萬苦難同胞，在那邊要我們去解救」。這就是人生哲學不一樣的想法。同樣的，在那邊的社會，他們說，「臺灣有兩千萬人在這邊孤苦伶仃，應該去解放他」，給他有更多的公平、更好的生活。

　　這樣的對立，到底誰對誰非？事實上，就人類來講都不是好事。因爲思想意識造成哲學觀不一樣。但是，這種哲學差異是貫徹在那裡？在政治。政治思想所導出來的政治管理，包括臺灣強調自由，美國也自由，都由政治主導。臺灣不許主張共產主義，所以，主張共產主義就要去綠島唱小夜曲，失蹤則是很稀鬆平常的事情。我想講這些問題，要給各位體會的，就是說，如果我們的經濟哲學所演繹出來的經濟文化，因爲意識型態，因爲做法手段，因爲目標著眼點不同，因而分別導致出的各種思想派別。

面對人生價值的選擇

　　整個地球人類也都接受這種支配。[6]那麼，面對問題

5　記得作者於國小、初中的學習階段，每每於作文的最後一段，老師都會教我們寫上「爲了解救大陸四萬萬五千萬水深火熱的苦難同胞」爲開頭語的制式引言，十數年不變。顯見保守的政治環境思維深入臺灣每個基層角落。

6　1989年11月9日，柏林圍牆倒塌，美蘇爲首的兩大集團對立便已消解；1991年

我們要怎麼處理？我們應該以怎麼樣的態度來看待我們每個人？這時候，我們不是講國家，不是講社會，因為，國家社會都是人民的組成，究竟人應該怎樣來面對這問題？

　　我想，要用這部份來做一些結論。就是：如果我們有智慧，這智慧是用我們人類過去文明累積出來的經驗，然後我們要來對每個個人。每一個人的生命要怎麼樣來面對？假設你所選擇的是自由民主的社會，你當然可以做你的任何其他方式的選擇；但是，如果說你生活在集權的社會主義社會，那麼，你應該怎麼來面對？

安排自己的生命：人間真理

　　我想，每個人都應該有權利來做他安排自己生命最好的一個選擇。

　　我舉這個例子。我用俄國大文學家托爾斯泰所寫過的小說來說明。托爾斯泰是一個崇拜上帝、有愛心、宗教情懷很深的文學家，他在描述這篇小說中，其中我要強調兩個問題，也就是我今天要導出的問題。

　　這篇小說中，他描述有一個人在天上犯錯，所以被罰到人間，這個人罰到人間必須要發現三個真理以後，他才可以回到他天上的國度。當他發現到真理，他就會感到愉快，所以他會笑，所以，我把這個故事叫做「人間三

12月26日，蘇聯解體，全球兩大勢力的冷戰策略也告結束。今日世界，大體上皆已融入資本主義自由市場的運作機制，包括仍宣稱社會主義市場經濟體制的中國。

笑」。中國過去有一個三笑姻緣的故事：「唐伯虎點秋香」。我所舉的是俄羅斯的三笑故事，這三笑中我要講兩笑。

第一笑。托爾斯泰描述這個人要發現三件人間的真理，經過三笑才可以回到他的天上國度。這個人被罰到人間後，他第一個發現是，因為他被罰人間當一個皮鞋匠，修皮鞋的師傅，他一生就在那裡修皮鞋。

有一次，他發現一對雙胞胎姊妹的子女，一個媽媽生下孩子以後，媽媽就不幸死掉。本來小孩都是媽媽在帶，媽媽是上帝的化身，所以上帝創造人是叫媽媽去照顧從小到大的小孩，給他吃，給他穿，不斷教育他成人，所以，一般來講孩子沒有媽媽，這孩子不能生存的。

這個鞋匠發現孩子生下來媽媽死掉，但是，這個孩子交給媽媽雙胞胎的妹妹養育，結果還是養育得非常好，他就發現一個真理：媽媽不在，但只要人間有愛、有上帝，孩子還是可以存活，還是可以代替媽媽。上帝創造媽媽，當媽媽不在的時候，還是有人承擔媽媽的角色，因為人間有愛、有上帝。

這鞋匠發現這個真理──人間有愛、有上帝的時候，還是可以彌補很多事情。所以，他感到愉快就會心一笑了。

人間有愛

這一笑代表什麼？人間有愛。經濟學家是人間的慈善者，他有愛心。我曾不斷強調，在學堂上或者在上課或者

在文章上，學經濟學的人如果沒有愛心，是不可能學好經濟學。經濟學所學的就是要利他，它很少利己的。經濟學所探討的，是國民所得怎樣提高，失業率怎樣降低，通貨膨脹怎樣愈低，幾乎你翻開所有經濟學的內容，都在教我們怎樣愛這個社會，怎麼樣提昇人類社會的福祉。

經濟學家如果沒有愛心，他不可能做好這個工作。在座各位，以後你們看到經濟學家，在內心請給他一個鞠躬，因為他是利他的慈悲者，他很少利己的。這是我的發現，也是我的體會。我的一笑。如果你看到宗教家，看到出家法師，看到神父修女、牧師，你內心也應給他三個鞠躬，因為，他不但慈悲利他，還要渡化、解救眾生。如果你做不到，你不要歧視他，不要嫉妒他；你不要把他當做異類，因為他的崇高理想你做不到，憑這一點你就要給他三個鞠躬。我想，托爾斯泰的描述，只要人間有愛，我們很多問題可以解決。這是人類的一笑。

人不知未來，不可強人

經過三笑，他才能回到他的天上國度。這鞋匠因為只有一笑，所以仍回不了他的國度，他不知道。他還是修理皮鞋，每天做很好的皮鞋，他所做的皮鞋遠近馳名。

有一次，一個富豪劣紳來到他的店裡，這個富豪很強悍的要求鞋匠三天之內要把他的長統皮靴做好，不然的話要他怎樣怎樣，威脅他，那鞋匠在那種局勢之下當然只好做呀，三天怎麼做出來？但是那鞋匠看一看，他看到這位富豪三天後就死了，因為他是來自上面的人。他不笑，也

不會高興，也就答應了他。

　　他感到，這位富豪根本不知道未來，但他現在所為，跟他的未來之間根本銜接不上。事實上，人不可以沒有未來感，人不可以不知道你的未來是什麼，所以，鞋匠就感到很可笑，他笑了。他笑什麼？他笑這位富豪不知道三天後他就會死去，三天後要來拿這皮靴，怎麼可能？事實的結論發展是，三天後這位富豪就死了，他的皮靴要怎麼拿，還命令三天內要完成。這鞋匠就感到，人事實上不知道自己的未來，不要太苛責別人，應該要彼此尊重。三天內怎麼可能做好皮靴？但強者不斷脅迫要求他一定要做出來，不然要怎樣怎樣。

用智慧豐盛美化人生

　　所以，我想有限的人生問題，就是我們要面對的。生命的價值，我強調，我們應該用我們的智慧，人類文明的結晶，用文化的資源，來豐盛，來美化，來價值我們的生命。這是我今天要講的重點。

　　我們生活在這個社會，人生開始從經濟物質面，接著重視精神面；然後人間要有愛；而在有限的人生過程，所做所為不能過火，超過自己的程度。

　　接著說生命的價值如何莊嚴。我們怎麼樣來看待我們的生命？怎麼樣來面對我們的社會問題？由於時間並不是很充裕，我簡單這樣講：怎麼樣來看待我們的生命，用有限的生命時間來建立自己生命的價值觀。

　　以下，我提供一些淺見給各位，當然，我不想用我自

己的價值來界定你的人生價值，但我的價值觀念可以給你來當參考。

　　首先，我們要怎麼樣來看待生命？

我在那裡？

　　我要先請各位一起來體驗生命是非常寶貴，非常難得的。我們講難得的生命，大家應該非常珍惜生命。如果我們用一些科學知識來驗證，在座各位有四十歲、六十歲的朋友，你感覺到六十年前，時間往前推生前，推到媽媽懷孕那一刻，那時，我在那裡？

　　我們用生命價值來看，人的生命產生是父親母親的結合，一個卵細胞接受一個精子細胞，你是那一個精子細胞，要去追逐卵細胞製造一個生命，在好幾億萬分之一脫穎而出，才是你這生生命的源頭。

　　假設時光倒退到那個時刻，在那個關鍵時刻，假設時間重來一次，請問捷足先登的精細胞一定是你現在生命這個細胞嗎？假設生命重來一次競賽，你可以感受確實你這個生命就是好幾億萬分之一是你這個生命體的獲生機會。難得嗎？所以，我要各位體驗，我們要產生這個生命確實不容易。

為什麼是我？

　　其次，我們要問：為什麼是我？如果這個我，在幾十年前，時間往前推，生命遊戲重來，你保證一定是你就是現在的我嗎？

我可以肯定，有幾億萬減掉一，其餘都不是。這就是人生難得，難得當然就是非常不容易。從科學的機率來講，你本來就非常不容易得到你現在的你。所以，我是要大家一起來面對自己寶貴的生命，而且，務必要珍惜這個非常難得的生命。畢竟，你現在已經在這裡；畢竟，你已經存在我們這個社會幾十年，所以，人生難得，生命寶貴，我們必須要珍惜。

經濟學的幸福公式

在有限的人生中，要建立自己人生的價值。我用簡單的幸福等式關係來說明。這等式關係是美國一位經濟學家，諾貝爾獎得主，他以經濟學來涵蓋人的生命。我簡單闡釋這個幸福公式的意義。

$$Happiness = \frac{GNP}{wants}$$

Happiness一般翻釋作快樂、幸福。文學家把它翻譯作美好時光。看你怎樣界定它。Happiness是怎樣界定的？Happiness等於什麼？

公式右邊上面的GNP，是我們可以創造出來的各種可供消費的財貨與勞務，GNP是國民總生產的代號，代表什麼？代表我們的經濟條件，可以產生各種財貨勞務來滿足人類需求的各種東西。公式右邊底下是wants，就是慾望需求，慾望因為很多所以加s，它有再生性、有變化性。幸福快樂就是：如果你可以滿足慾望，你就會快樂。例如，你想看電影，公式右邊上面，有提供電影，可

以去看；看電影，就獲得滿足；再例如，你想吃麵包，去買麵包吃就滿足，一滿足就會Happiness。所以，如果你是一個國家的領袖，一個國家的領導者，你如能創造全體國家人民的Happiness，那麼，這個國家人民都會很Happiness，很快樂；因為，你的責任就是必須要創造很多的東西來滿足這麼多人民的需求。臺灣有兩千一百萬人需求快樂，你要滿足這麼多人民的慾望，如果經濟條件不夠，你就會有問題。問題在那裡？

Happiness，問題在那裡？

一般來講，Happiness要很多，追求快樂嘛！所以，要達到最大的快樂，就是國家領袖的責任。如果你是一家之主，你要創造的是一家的快樂幸福，你要滿足兒女、太太、先生、父母親的快樂，你就要去認真的工作賺錢，賺很多的錢可以去滿足家人的各種快樂、各種慾望，這是一家之主的責任。所以，如果你是一個國家的領導者，你要滿足的是很多的人，要有相當條件滿足國民需求，你才足以領導一個國家。因此，你的經濟政策要怎麼樣來滿足這麼多人需要，你的財政政策要怎麼樣滿足，你的其他的文化教育政策怎麼樣來滿足人民的需要，你的法治…；總之，一個國家的領導者必須要有這種本事，人民才會感到Happiness。

幸福的兩個哲學觀

這樣的一個等式關係，同時也告訴我們兩種哲學模

式。

　　要達到Happiness，達到美好時光，達到幸福水準，我想每個人都有他的要件，他的要求。問題是我們怎麼樣做？如果有智慧，要尊嚴生命的美感，你要怎麼樣Happiness？

　　如果，你的先天條件不是很好，一個月薪水賺三萬元，你的慾望就不要說：「哎喲！老公，隔壁都買鋼琴呢！我們幼稚班的女兒是不是可以買架鋼琴？」

　　然後，買好以後，又說：「老公呀！人家他們有CD音響，我們的兒子是不是應該有這種器材？」每天，不斷創造更多的慾望。

　　慾望是無窮的，要創造這些條件是有限的。我們的科學技術也不高，我們的土地也不多，我們的資金也不夠，那麼有限的土地、有限的勞動力、有限的智慧，你要滿足人類無窮的慾望怎麼做？

　　一個個人，一樣。如果你只有一個人，你要創造你的Happiness，一個月五萬元、三萬元，你要滿足，你就不要吃那麼多，吃那麼好，少吃一點，或是少看電影，少浪費一點，你就很Happiness。

　　但是，如果人多了怎麼辦？再大到一個國家怎麼辦？前面說到有兩個哲學模式，這兩個哲學對如何達到Happiness有不同的詮釋，一個是西方哲學，一個是東方哲學。

東方忍慾說

　　東西方哲學對Happiness怎麼樣來創造？東方哲學方法是經濟條件既定之下，把慾望降低一點。而西方哲學是往GNP提高一點，他們講究科技方法。這兩種哲學觀，對我們都有影響。東方哲學希望我們的慾望不要太高，所以，我們時常聽到「知足常樂」，對不對？你慾望不要那麼多，你就會很快樂嘛！

　　一個典型的例子，可以說明東方哲學是接受儒家思想的影響。

　　子曰：「賢哉，回也！一簞食，一瓢飲，在陋巷，人不堪其憂，回也不改其樂。」對不對？

　　我一簞食吃粥，我不喝可口可樂，我不喝Johnnie Walker，我不喝馬丁尼，但只有一碗稀飯、一碗白開水，我還是很快樂。一簞食，一瓢飲，我沒有牛排，但是我粗茶淡飯，我還是可以滿足快樂，因為，我不求那麼多。我住在陋巷，我沒有辦法住陽明山別墅，我沒有辦法住大臺北華城，但是，我還是有遮風避雨的地方，我還是感到快樂。人家講說：「人不堪其憂，回也不改其樂。」這樣的哲學，代表人民如果慾望不很高，人民還是可以很快樂的。這是東方哲學統治的一個方法。

西方科學說

　　但是，西方產業革命以後，他們以提高生產水準，不斷提高科技文明，不斷創造更多的生產，結果增加的就是GNP的不斷提高。

　　我現在講的哲學模式，適用那裡？適用個人，適用家

庭，適用社會，適用人類。我們要建立人生的價值觀，因為人的生命有限，是人類的局部。人不只是依靠GNP來生活，人不只是依靠物質面來生存，因此，我們要求社會財富不斷累積，給人性帶來的，如果是不斷的腐化，不斷的腐朽，那麼，這樣的生命價值，我們不認為是成功的。因此，在有限的生命裡，人不要只單單的依靠物質面來過你的人生，何況，因為也還有很多問題不容易解決。

兩點建議

所以，我簡單建議兩點，當做我今天跟各位報告的結論。

第一點建議，人生的價值要訂定。

理想也好，目標也好，你要訂定一個到死的時候你都不會後悔的人生價值目標。我想，你就成功了。

過一個不後悔的人生。什麼叫不後悔？不要昨天做一件事，今天就後悔了；前天做，明天又後悔了；這樣做法，你會很不快樂。所以，這種快樂，不只是有錢就會快樂；而是你的行為，自己所追尋的目標不會後悔，你做的事情，認為是對的，你就一直去做；如果，認為不對你要去修正，你還是不會後悔。所以，過一個不後悔的人生，那價值的設定應該怎麼做？我想，每個人都有自己的看法，就看自己。

第二點建議，應該積極進取。

人的生命有限，人生不過一百。人生三分之一在睡覺，三分之一休息，所餘三分之一的時間，以活一百年

計，大概有三十幾年可以奉獻。你怎麼樣運用這三十幾年？

我用個人國會辦公室的一個座右銘給大家參考。怎麼樣積極進取？我們的做法是要求：「勤勉踏實，追求完美」。我們很認真的去做，實實在在的做。我們勤勉奮力，我們很辛勤，勉力而為，確實平實做事，然後，追求完美境界。

人生往往是非常不完美，我們的社會也是很不完美，我們人活在這世間，是處在一個非常不完美的社會。

從剛才我給各位的經濟指標來看，我們有富裕的外在，但是我們有貧窮的內涵，所以，也是不完美的經濟結果。在不完美的過程當中，我們積極進取來追求完美，這樣，這一生可能會比較不後悔。

欣賞生命，不後悔人生

以上，是我今天在周末講座，用文化智慧莊嚴生命美感的內容。怎麼樣欣賞生命？很多角度，我們確實需要有不同的經驗，或者是不同的智慧來切磋。我相信，我們社會多元化過程，可以給很多人來參考。而用欣賞人生的角度，我們欣賞別人的長處，來砥礪自己個人的短處。這樣的問題，同樣可以給我們這社會更健康，包括政治；我們欣賞民進黨的好處，也欣賞新黨的好處，以及欣賞國民黨的好處。但是，我們不要用懷恨的心，以意識型態來決定我們的生命價值，我相信，這樣有美感的人生會比較不後悔。

我今天的報告到這裡，請各位多指教。謝謝。

【Q&A】

本來要留一些時間跟各位交換，因為足足用了兩個小時。我們是不是就到這裡結束？有沒有…

(有問題發問)

終結作秀文化

這位先生期待我們的國會不要打架，不要作秀，是不是這個意思？

這是對的啦。我們也這樣期待。但為什麼要打架？為什麼要作秀？

事實上，我們這個社會是病態的。目前，立法院打架已經非常少了，可能都沒有打架了。[7]作秀文化氾濫，我相信只要求立法院改善難有成效，因為，媒體是作秀文化的催化劑，我們的電子媒體偏愛報導作秀、衝突畫面，如果媒體對立委認真問政的，能夠播報發揮他的長處，展現深度問政內容，我相信社會就慢慢肯定，那就不需要報導作秀了！

我剛才提示的一個指標，我們的資訊文化，來自媒體有七、八成是電視報紙，如果，大家都不接受作秀文化，

---

[7] 臺灣立法院問政，因成員結構的歷史性問題，在1980年代至1990年代初，曾經因打架、群鬥而聞名國際。自1991年資深立委退職之後，當時我擔任黨團幹事長，在帶領黨團議事期間，即已改變形象，未有打架情事。不過近年來亦偶有發生。

大家同仇敵愾，媒體也根本不報導，就能遏止作秀文化。我們都不喜歡作秀。這一點，如果有機會轉告我的同僚。我們也希望媒體不要強調報導作秀，改善可能可以徹底一點。

【決戰國會】
解除控制經濟的根源

公營事業民營化，是臺灣擺脫控制經濟體質所必走的路。民營化實行的主角是行政院，但如果沒有國會推動，民營化實在動彈不了。然而，國會卻也是民營化阻力的根源。

◆主題◆

我對經濟自由化的使力：民營化

◆ 民營化的國會推力—1991及1994
　　立法院 / 關鍵兩年

◆ 我的民間經濟自由化的動力：
　　透視民營化—1993-1994
　　新社會基金會 / 診斷控制

◆ 立法修正民營化之路—1993
　　立法院 / 行動攻堅

民營化的國會推力

1991
·
1994

民營化的國會推力

　　立法院審查國營事業各單位預算，對有關民營化之決議事項，可以約束行政院施政，但力道仍有不足。以下是立法院於1991及1994兩個年度要求行政院及主管機關所做有關公營事業民營化注意辦理事項的相關規範。[1] 回首當年，在這方面我確實投入甚深，著墨不少。

　　這兩個年度所做的這些決議，為歷年來立法院對加速推動民營化腳步最有力的國會關鍵推力。

1991
九點決議：國會啟動加速民營化步伐

1. 財政部應於三年內廢止公賣制度，以為貫徹經濟自由化之政策目標。

2. 經濟部應貫徹經濟自由化之政策目標，國營事業機

1　本部分係摘自我所主持之專題研究《透視民營化瓶頸》（財團法人新社會基金會研究叢書3，1994年7月）之附錄一：立法院有關民營化之附帶決議及注意辦理事項。
進一步比較完整的立法院審查國營事業預算（有關民營化）內容，請參見我對「解構國營事業」之預算審查意見。收錄於作者所著《吃定納稅人－有字天書把關難》（1992）及《人民的荷包－算帳與把關》（1995）兩書。（以上二書皆由財團法人新社會基金會出版）

構應於《公營事業移轉民營條例》修正公布後，一年內完成移轉民營。

3. 榮工處等機構應於一年內改制為事業機構。

4. 國營事業單位(含主管機關)執行年度預算，應本下列原則處理：

  (1)遵循經濟自由化、民營化之政策目標，避免影響民間經濟活動之發展空間。

  (2)出售官股或移轉民營之所得，應專款專用。

  (3)轉投資之範圍應縮減。

  (4)官股合併對單一民營企業投資超過50％者，應編列預算送本院審查。

  (5)敦親睦鄰費用，應運用在地方公益之建設。

  (6)不合理之分擔費用、會費、捐助應該剔除。

  (7)非屬公益之廣告費，應予剔除。

  (8)調整董事會結構，使其具決策與監督之實際權責。

  (9)適當運用財務槓桿，降低資金成本。

5. 為允當表達各國營事業之經營成果，有關員工退休金之提列，應依成本與收益能配合之會計原則處理，於員工服務期間內按期提列。

6. 郵政總局應由交通部研擬自1992年度起改制為公司組織。

7. 電信總局應由交通部研擬自1992年度起改制為公司組織。

8. 陽明海運公司應由交通部研辦於1992年度結束前完

成移轉民營，且官股持有比例不得超過30％。

9. 招商局與陽明海運公司合併及如何解決就養船員問題，由預算委員會會同交通委員會於下會期函請交通部來院作專案報告。

1994
十六點決議：再接再厲促進民營化動力

1. 非屬公司組織之國營事業應於1994年6月底前研擬改制爲公司組織，並將其公司章程送請本院審議，以利民營化政策之執行。

2. 國營事業釋出後民股如超過50％(亦即官股只剩49％)，影響其經營權，應送立法院同意方能實施，以避免假藉民營之名，規避立法院監督。

3. 國防部應撤出在中華電視臺股份有限公司所佔的全部股份。

4. 教育部撤出華視投資，應以公開標售之方式讓與民間投資人，不得轉讓予其他行政機構。

5. 二十六家國營事業提撥員工退休(職)準備金嚴重不足，數額逾二千億元，而答覆本院委員質詢及審計部函覆，均稱足夠支付員工退休(職)之需要，顯然藐視國會及財務報表編列不實之情，相關機關主管及人員，應予嚴懲。

6. 經行政院公布之第一批公營事業民營化之二十二家事業，最遲應於1994年度底前完成，未完成者相關首長應予嚴懲，其餘可民營化者，儘速於三年內完

成。

7. 爲使立法委員充分爲人民看緊荷包，凡國營事業持股35％以上之轉投資事業，其財務報表應送達本院查照。

8. 各國營事業、公營事業、政府所出資成立之財團法人、政府各部門所投資之事業，以上單位所投資之金額佔該被投資公司，合計若達50％以上，則該被投資之公司，應自1995年度起編列預算供立法院審查。

9. 於一年內檢討《銀行法》與公營銀行有關「管理辦法」，對公私銀行業轉投資總金額佔本銀行資本(或淨值)比例；轉投資金額佔被投資的公司資本額之比例及轉投資行業對象別應加以限制規範，以防托拉斯，並健全銀行經營。

10. 中華工程公司釋出股票之方式暨其作業原則等應送本院預算、財政委員會審議通過後才得實施。

11. 1994年度，中信局營業收入總預算數52,401百萬元，較1993年度成長11.89％，惟稅前純益僅較1993年度成長0.09％，顯然經營績效不彰，應加強內部管理，順應民營化之方向，調整組織架構，以健全經營。

12. 中央信託局在下年度(1995)前，應提改制民營化及時間表之報告。

13. 有關菸酒開放民間經營具體方案應請一年內提出。

14. 電信總局應確定朝「公司民營化」方向發展,並
　　儘速完成。
15. 招商局應於1995年6月30日以前裁撤,有關員工及
　　資產之處理,應依下列原則辦理:
　　(1)尊重員工意願,如願資遣或退休者應依法辦
　　　理,否則應由陽明海運公司或其他國營事業機
　　　構吸收,年資應予合併計算。
　　(2)交通部應擬具資產處理計畫送本院審查,非經
　　　審查通過,不得處分任何資產。
16. 電信總局對於第二類業務,不宜自行經營,應儘
　　量開放民營。

我的民間經濟自由化的動力：透視民營化瓶頸

1993
·
1994

透視民營化瓶頸[1]

為什麼要民營化？公營事業經營效率低，浪費國家資源是主要原因。

為什麼公營事業經營效率總是較低？

民營化既是世界潮流，為什麼臺灣民營化腳步落後？當然是政府執行力有偏差。

解除控制經濟體質的重要方法，當然公營事業必須民營化。

但為什麼政府對民營化政策執行效率不彰？政府的藉口又是什麼？

民營化的阻力究竟在那裡？落實民營化有什麼對策？

---

1 本文為《透視民營化瓶頸》一書之精簡概要。該書內容乃係作者為打破臺灣控制經濟體質，在國會與行政部門衝撞，除以立法委員問政與預算決算審查機會著力之外，亦藉由財團法人新社會基金會組成「公營事業民營化小組」針對成效乏善可陳之民營化問題，以及民營化的方式及推動情形，成效不彰原因、民營化之阻力等癥結，我們深入探討。為時約一年，始完成《透視民營化瓶頸》之研究報告(1994)，並編印納入新社會研究叢書。
全文中所附列之有關圖表資料乃佐證政經相當珍貴之素材，得之不易，雖佔版面，但因對瞭解經濟社會變遷甚具參考價值，特予保留，備供參研之用。

為什麼要民營化？

回顧源頭

公營事業民營化為政府現階段的重要政策，必須貫徹執行。但是歷經多年，卻無成效。誠然，公營事業民營化的過程中，必然遭遇諸多困難。但是，何以民營化工作在世界各國得以成功推展，進而達成提高經營效率及人民福祉？他國之經驗，堪值借鏡。行政當局實應吸取他國的成功經驗，避免失敗的教訓，排除萬難，力促其成，使臺灣經濟社會更為成長茁壯。

民營化是公營事業脫胎換骨的必然徒徑。然而，「民營化」是否是唯一提升公營事業經營效率的靈丹妙藥？「民營化」就可以讓公營事業由麻雀變成鳳凰？公營事業的效率低落，造成公營事業成為眾所抨擊的焦點。因此，為提升公營事業的經營效率，民營化的手段似乎已成為各界接受的方法。

一般國家經濟發展初期，私人投資不足，乃集國家資本，運用政府力量來推動整個社會的經濟活動。中國國民黨來臺執政四十餘年，政府對公營事業的設立向來以孫中山遺教作為最高指導原則，在實業計畫的第一計畫內容中，為公營與民營企業的範圍作了原則性的劃分。爾後，憲法第144條明文規定，公用事業及其他有獨占性之企業，以公營為原則，其經法律許可者，得由國民經營之。

憲法第145條第1項規定，國家對於私人財富及私營事業，認為有妨害國計民生之平衡發展者，應以法律限制之。此乃中國國民黨政府建立公營事業之最高依據。理論如此，但實際上公營事業範圍不斷擴大，遠超過這些原則。

國民政府大肆擴張公營事業

二戰後，國民政府接收原由日本政府經營的事業與自中國大陸遷臺復業的事業，改組為公營事業，此乃在臺初期公營事業之基礎。其後，又接收經營不善的公司，例如唐榮鐵工廠；為了穩定石化中間原料的供應，實現第二次進口替代政策，設立中國石油化學工業開發公司；為配合十項建設的推動和重化工業的發展，設立中國鋼鐵公司；為加強再保險制度，促進國內保險事業之發展，設立中央再保險公司；為確保招商局原有海外資產，另設立陽明海運公司；為因應北高兩市升格為院轄市之市庫經理，分別成立臺北市銀行、高雄市銀行；為促進出口貿易，發展經濟，設立中國輸出入銀行；為保障金融機構存款人利益，鼓勵儲蓄，維護信用秩序，促進金融業務健全發展，設立中央存款保險公司；另外中磷、臺金、臺鋁等公司因經營不善，併入相關公營事業或予以解散。

公營事業囊括各行各業

目前，臺灣公營事業經官方認定者計112家。其中，包含退除役官兵輔導委員會主管之國軍退除役官兵安置基金所屬35家公有事業，其他中央政府經營27家公營事業，

表1　中央政府經營事業一覽表

主管機關	事業名稱
經濟部	臺糖、臺肥、臺機、臺電、中船、中油、中鋼、中石化、中工、臺鹽等10家。(中石化、中工於1994年6月達成民營)
財政部	交銀、農銀、輸出入銀行、中信局、中國產保、中央再保、中央存款保險公司、交銀歐洲公司等8家。(中產於1994年5月達成民營)
中央銀行	中央銀行、中央造幣廠、中央印製廠等3家。
交通部	郵政總局、郵政儲金匯業局、電信總局、陽明海運、招商局等5家。
衛生署	麻醉藥品經理處1家
合　計	27家

說明：未列出所屬醫院、廣播媒體等。

臺灣省政府經營34家事業，臺北市及高雄市政府經營八家事業及臺灣省政府所屬縣市政府經營八家事業(參見表1～表3)。惟尚不包括多家假民營真國營之事業、國軍退除役官兵輔導委員會所屬安置基金投資之45家事業以及極具公營色彩之中國國際商業銀行、二家電視公司、二家票券金融公司、華僑商業銀行、世華聯合商業銀行等，公營事業經營範圍極為廣泛，幾乎各行各業皆有。截至1994年6月底，112家公營事業中的中石化、中工及中國產保官股降至50%以下，成為民營企業。

　　由於公營事業同時肩負過多的功能目標，涵蓋經濟、國防、社會、政治、財政等層面，以致彼此之間常生矛盾

的現象，進而影響原設定的目標。或隨著環境的變遷，有些目標的意義已經喪失，其繼續存在只會干擾正常的運作，造成營運的包袱，致經營績效普遍的低落。其結果不但重大阻礙社會資源的有效運用，並且造成政府財政上的沉重負擔。

　　近十餘年在全球性經濟自由化風潮的襲捲下，各國一方面開放民營競爭，以提高經營績效，另一方面則設法將公營事業轉為民營，使公營事業走上民營化的道路。各國公民營政策之演變，參見表4。臺灣在此內在壓力加上外在衝擊下，公營事業民營化的壓力乃不斷升高。

表2　退輔會安置基金直營事業一覽表

1.榮民工程事業管理處	13.桃園工廠	25.福壽山農場
2.森林開發處	14.岡山工廠	26.武陵農場
3.魚殖管理處	15.龍崎工廠	27.新竹農場
4.榮民礦業開發處	16.臺北鐵工廠	28.彰化農場
5.液化石油氣供應處	17.臺中木材加工廠	29.高雄農場
6.榮民印刷廠	18.食品工廠	30.嘉義農場
7.榮民製藥廠	19.楠梓工廠	31.屏東農場
8.榮民氣體製造廠	20.榮民製毯工廠	32.宜蘭農場
9.榮民化工廠	21.臺北榮民技術勞務中心	33.花蓮農場
10.彰化工廠	22.高雄榮民技術勞務中心	34.臺東農場
11.塑膠工廠	23.臺中港船舶服務中心	35.知本農場
12.臺北紙廠	24.清境農場	

說明：1.安置基金所屬之海洋漁業開發處及冷凍加工廠，因經營不善，自1993年
　　　　度起裁撤。
　　　2.未列出榮民總醫院。

表3　臺灣省、北高二市及縣市政府經營事業一覽表

主管機關	事業名稱
臺灣省政府	臺銀、土銀、合庫、一銀、彰銀、華銀、臺灣土開、臺灣中小企銀、勞保局、臺灣產保、臺灣人壽、高硫、唐榮、中興紙業、農工企業、糧食局、菸酒公賣局、林務局、鐵路局、基隆港務局、臺中港務局、高雄港務局、花蓮港務局、臺汽客運、臺航、鐵路搬運、自來水、石門水庫、曾文水庫、物資局、礦物局、新生報、臺灣書店、省府印刷廠等34家。
臺北市政府	臺北市銀、臺北市府印刷所、臺北市公共汽車、臺北市自來水、臺北市公營當舖、臺北大眾捷運公司等6家。
高雄市政府	高雄市銀行、高市公共車船等2家。
各縣市政府	基隆市公共汽車、北縣印刷所、新竹縣瓦斯、臺中縣示範林場、雲林縣經濟農場、嘉義市公車、臺東輪船、澎湖縣公共車船等8家。
合計	50家

說明：1.臺北大眾捷運公司尚在籌備中。
　　　2.未列出各省市立醫院及廣播媒體等。

表4　世界各國公民營政策之演變

國名	國有化年代	民營化年代及方式
美國	—	1979　解除管制
英國	1960年代	1979　出售國營企業
西德	—	1984　出售國營企業股票
法國	1981	1986　出售國營企業
義大利	—	1983　出售國營企業
日本	—	1985　出售國營企業
西班牙	1939	1980年代　出售國營企業
巴西	1940年代	1983　出售國營企業
墨西哥	1950年代	1985　出售國營企業
阿根廷	1946	1986　出售國營企業
土耳其	—	1985　出售國營企業
韓國	—	1986　解除管制
印度	1956	1982、1986　解除管制
印尼	1957	1980年代　鼓勵企業民營
巴基斯坦	1972	1979　解除管制
菲律賓	—	1986　出售國營企業
埃及	1961	—
孟加拉	1971	1982　出售國營企業
奈及利亞	1960年代	1986　出售國營企業
中國大陸	1953	1983　允許小企業民營
東德	1945	1978　國營企業合併
匈牙利	1949	1980年代　建立價格制度
波蘭	1960年代	—
南斯拉夫	1945	1986　企業集中

資料來源：E. Berg, "Privatization Developing: A Pragmatic Approach"。

何以公營事業經營效率較低？

公營事業壟斷臺灣相當大的經濟資源，因而在早期的經濟發展中佔有重要角色地位。在公營事業主導下，帶動了民間工商業的成長，加上當時公營事業人才薈萃，致行政管理人才或民營企業中的一些優秀人才，皆來自公營事業，而且有優越表現，早期公營事業發揮相當大的力量。例如：

1. 開發能源、穩定金融秩序及便利通訊，奠定經濟發展之基礎。
2. 動員經濟、金融資源及發展交通，供應民生及農工生產之所需。
3. 發展資本性工業，以鞏固工業根基。
4. 增加外匯收入，節省外匯支出。
5. 穩定經濟與增加就業機會。
6. 培訓並支援經濟發展所需人才。

雖然公營事業發揮其存在之價值，但是，許多的弊病卻也因此掩飾而未彰顯。

自1991年5月1日臺灣宣告動員戡亂終止後，政治逐步走上民主化，再加上國際間經濟自由化、國際化及制度化潮流之衝擊，致使公營事業經營效率不彰的問題日漸顯著。探究公營事業經營管理上問題層出不窮，主要包括以下十個原因：

一、法令特權保障，缺乏競爭壓力

　　許多公營事業當初設立的主要目的，乃是想藉著政府力量創造一個新的產業，以補民間受限於資金、技術、人才所造成的投資不足。此等公營事業受到其專業法規之保護，獨占國內市場生產銷售，以未達法定盈餘為由，提高售價或資費。由於缺乏競爭，市場機能無從發揮，故生產力難以衡量，獲利力亦無法成為經營績效之指標；但若與外國同業相較，則慘不忍睹。長此以往，成本高漲，績效自然低落。一旦民間或外國的競爭者，以直接或間接的方式進入市場，原有的公營事業就無從應付了。

　　以近年所發生的事例而言，罩著《郵政法》金鐘罩的郵政總局面對「民間郵局」的挑戰，已開始訴諸法律，並調降大宗函件的資費。菸酒公賣局扛著《臺灣省內菸酒專賣暫行條例》賣酒，唯我獨尊；然而，民間藥酒業者，卻找到專賣的灰色地帶，一舉打破數十年來菸酒專賣制度的模糊界限；再加上洋酒市場開放，菸酒公賣局獨占市場已漸縮小。臺糖公司依「臺灣省蔗糖製造管理辦法」之法寶，享有進口砂糖及賣糖之專利，進口砂糖成本僅為自行產製成本之三分之一，致臺糖公司以出售閒置土地及獨家進口砂糖所生之利益，彌補其營業虧損。再者，該公司不准民間產製蔗糖相關產品，但遇到民間新開發出的果糖產品，也變得束手無策，被民間有技巧的侵蝕。

　　中油公司享有獨家進口原油及成品油之特權，直接進口成品油之利潤幾占該公司每年盈餘的三分之一。根據經

濟部調查指出，銷售金額比中油公司多出15％的COSMO
公司，其員工人數是中油的五分之一左右；而銷售金額是
中油公司兩倍的日本石油公司，員工人數僅是中油公司的
二分之一。這在在凸顯中油員工人數不合理，導致原油煉
製成本比外國高出40％。而中油公司在經營效率低落下，
還能創造比他人更多的盈餘，主要是獨占市場所致。在臺
塑企業投資六輕及東帝士計畫投資千餘億元於石化、煉油
工業完成，或石油業法制定施行開放民間經營油品事業
後，中油公司如何繼續生存，令人質疑。主管機關應妥適
研擬方案拯救中油公司。

二、市場預測能力欠佳

在動態經濟環境中，企業須明瞭行銷導向，據以訂定
最佳行銷策略，此有賴正確及豐富的市場資訊，以確實掌
握有關其銷售對象的動態資訊，才能有效對抗競爭之對
手。資料顯示，公營事業大多依賴靜態或歷史性資料來進
行市場預測，鮮少從事於消費者行為研究，忽略消費者需
求之動態變化，中船之擴建及虧損史即為明證。

以1971年間十大建設之一的中船公司為例，該公司自
改制為國營並擴建造船設備後至1988年共虧損83億餘元，
將此期間國庫增資款近68億元侵蝕始盡。自1989年度起，
政府及中油公司編列預算再撥款100億元，惟該公司1989
年度及1990年度又虧損39億餘元，另應收船價款及代船東
負擔新臺幣升值匯差之損失約50億餘元，共約90億元，亦
將1989年度起政府及中油公司撥予之100億元再度消耗殆

盡。若再加上所需提列之員工退休準備金不足100億元，則實際虧損高達270億元以上。因該公司承接造船訂單日漸減少，政府將造艦業務交由該公司建造，後因故改由法國承製，此為對市場預測能力低落之明證。

又如，政府准許電信總局經營行動電話業務，該局預估用戶數為二萬戶，五年來實際用戶數近50萬戶，致其交換機採購一再以議價方式辦理追加擴充門號，共歷經七次開標程序，造成無法採購到最適當之設備，且採購價格偏高，致行動電話費率偏高，並影響用戶通話品質。這在在暴露公營事業對市場需求毫無預測與因應能力。

三、承負執行政府之政策

公營事業的政策任務與其公營的體制是互為因果的。公營事業有時因須執行政府政策而犧牲其效益，但隨之而來的是事業經營績效指標不明，政策任務與利潤目標互相扞格，使主管機關對公營事業難以要求生產力，並使公營事業以執行政策做為績效不彰之藉口。結果當政策性目標消失後，公營事業已積弊難返，無法面對民間同業的競爭。

大體而言，公營事業執行政策任務內容主要有：

(一)便利偏遠地區居民享有基本設施服務

為便利偏遠地區及提高當地居民生活水準，與民眾生活息息相關的公營事業服務，如電力、電信、自來水、郵政及金融事業等，需能無遠弗屆，不論窮鄉、僻壤、高

山、海濱均需遍佈，不計投資計畫之經濟價值與可行性。
此等政策任務耗費成本較多，自然影響事業利潤。

(二)照顧特定消費者

　　公營事業依法須以優惠價格銷售其產品或提供勞務給
某些特定的消費者。例如：依《郵政法》第4條規定，新
聞紙雜誌資費僅為同重量信函20％以下；《電業法》規
定，電業供給自來水、電車、電鐵路等公用事業用電，應
低於普通電價；《軍人及其家屬優待條例》規定，現役軍
人家屬住宅自用生活必需之水電，得憑軍眷補給證申請減
價優待；《農業發展條例》規定，農業動力用電、動力用
油、用水，不得高於一般工業用電、用油、用水之價格；
《老人福利法》規定，老人搭乘國內公、民營水、陸、空
公共交通工具，予以半價優待；《民用航空法》規定，航
空函件運費應低於普通航空貨物運價，航空郵政包裹運費
不得高於普通航空貨物運價；《自來水法》規定，自來水
事業對消防用水，不得收取水費，對其他有關市政之公共
用水，應予優待。凡此等政策任務，皆影響公營事業收入
短少，並易造成資源浪費。

(三)限制採購對象

　　為扶助某一公營事業或基於外交目的，限定購買特定
國家之產品，造成購方須支付較高之成本，或所購之設備
不合用，變成廢品。例如，公務人員出國須搭中華航空
等。

(四)基於國家安全需要而提高安全存量

政府有時會以國家安全為由，要求公營事業如臺電、中油等公司，在存貨方面維持相當高比例的安全存量。於是，這些公司只好儲存大量之煤、油，不僅積壓資金，且無法運用現貨市場廉價優勢購買，罔顧經濟效益。

四、決策程序冗長及過度干預

無論是業務計畫、重大投資、採購財物或營繕工程，公營事業須依法辦理，致決策程序冗長且緩慢，如此繁複的監管制度，未能當機立斷，經常扼殺了公營事業的生機與活力，且仍然弊病百出。公營事業既屬於全民所有，主管機關及民意代表自然義務為全民做好監督管理的工作，並且以行政體系的監管方法來監督及管理公營事業。

事實上，企業與政府的運作在本質上有極大的差異，自然對公營事業之經營管理造成極大不便。此外，公營事業有一定之處理程序，各主管機關為確保事業的營運計畫能符合政府政策及法令，必須依法審核並表示意見，甚至進行不必要之干預。當目標未能一致時，須透過冗長之溝通與協調程序以化解阻力，若無法獲得一致決定，就得延宕經年，其結果是決策時效落後，經營上所需要的策略彈性喪失殆盡。

五、缺乏管理自主權

公營事業的高階主管對人事管理、營繕工程、財物採

購、內部組織調整及營業項目變動等缺乏自主權。人事管理上的困難在於法規的限制，以國家考試爲進用原則，再加上少數依特權關說進用，未能適時引進適合事業需要人才。陞遷應以個人平時績效爲標準，卻受到各方關說壓力，未能提拔優秀員工，致優秀人才紛紛外流；另一方面，無法解雇不適任人員，造成「劣幣驅逐良幣」的反淘汰現象。

在營繕工程及財物採購方面，須依照《機關營繕工程及購置定製變賣財物稽察條例》、《審計法》、《預算法》等規定辦理，經常未能在預定時間內完成。而爲了避免採購程序的延誤影響到正常生產，常以超額採購或提高安全存量，以備不時之需，致存貨過多時，變成呆廢料。且爲避免指定廠牌圖利廠商之嫌，規格訂定須參考多家廠牌，以防所採購設備不合用。

六、缺乏追求利潤的經營動機

公營事業從業人員，從董事長、總經理到基層員工之薪資及獎金，皆依規定領取，既無法因表現優異獲得合理的獎酬，也不會因經營績效不佳而遭到應有的懲處。此一現象與民營企業完全相異，企業經營在於「留優汰劣」及適時獎懲，賞罰分明，以激勵員工創造企業最大利潤。公營事業從業人員以公務人員自居，工作較有保障，較努力於爭取個人薪資調整及陞遷，較不重視事業獲利能力、生產力之提高及企業之存亡。

七、投資計畫浮濫

公營事業肩負發達國家資本，帶動整體經濟發展，促進全民福祉之任務。多年來各事業機構為因應本身發展需要，擴充設備，汰換機器等重大建設，以其投資金額之龐大，非僅關係事業之成敗，亦影響國家整體經濟發展至鉅。但就其重大建設完成後的產值、投資報酬率、淨現值流入數及經濟效益加以分析，成果不彰，此顯示許多投資計畫未能達到預期的效果，亦顯示其規劃不當。且各事業對投資計畫的規劃，均以各事業的立場為著眼點，忽略該計畫對其他事業或相關產業的不利影響，致使進行中的投資計畫必需變更設計，已完工的設備只好閒置。

八、董監事會功能不彰

公司組織的最高決策單位為董事會，其人選必須具備專業才能及見識相當者出任。然公營事業之董監事，大多來自行政部門接近屆齡退休主管、現職官員兼任或安插未連任之民意代表或縣市首長，多屬政治酬庸或兼任性質，不僅造成董事會之老化，且因彼等人員之專業知識未能符合事業營運之需要，以致董監事之決策及監督職能無法有效發揮。事實上，董事會本身也無實權決策，董事會通過之案件尚須經主管機關核准；監事會亦無監督實權，各事業之決算財務報告，尚須經行政院主計處所組成聯合查帳小組及審計機關審核。董監事會功能不彰，大大減低其營運績效。

九、人事制度僵化

公營事業的人事管理問題，主要發生在從業人員的進用、人員身分、員額及待遇，說明分述如下：

(一)員工晉用法令多頭

依《公務人員任用法》、《國營事業管理法》、《交通事業人員任用條例》及相關人事管理準則，一般職員須經國家考試及格方能任用。考試雖然公平，然分類分科考試未能適合各事業所需之人才，且無法適應即時的業務需要。為了解決部分人力短缺，政府另制定《技術人員任用條例》，可不需經公開考試予以進用技術人員。然而，如此又產生不良的影響，不僅造成員工間的不平之鳴，也使得來自背景相似的技術人員與其他員工間無法流用，造成有效人力運用上的困難。

(二)準公務人員身分保障無效率

由於公營體制，加上政策目標，使公營事業的從業人員往往擁有準公務人員的身分，並從而使其職位具有高度的保障。公營事業員工缺乏生存壓力，職位又有高度保障，造成對員工難以要求，績效更是難以改善。

雖然《國營事業管理法》明定員工如果無法履行其職責，可施以資遣的處分。而實際上，員工另有高就而以因病辦理資遣者不在少數，至於以無法履行職責予以資遣者，並未發生。其原因，一則可能是員工失職之界定過於

嚴格，不易確定員工失職；二則可能是高階主管無須對營運成敗負重大責任，自然傾向於姑息，而不願開除工作不力之人員；三則臺灣向來人情味濃及高階主管不願節外生枝，採多一事不如少一事心態。

(三)冗員充斥

公營事業員額編制需經層層核定，行政主管機關在實際不瞭解事業經營的情況下，經常「削足適履」地刪減員額；而事業機構為免除員額被刪的痛苦，常發生「多報」的弊病。再者，有些事業業務逐漸萎縮、大量使用機械設備代替人力或部分工作改採外包方式，站在企業經營立場，應予適度裁減員額，以免營運成本過度膨脹。然則，一方面高階主管及主管機關為避免員工抗爭及員工資遣產生社會問題；二方面事業經營成果與高階主管待遇及其陞遷無關；三方面高階主管以其屬員愈多權力愈大，不願進行裁減員額，致各公營事業冗員充斥，影響員工士氣及事業生產力。目前，各公營事業常採「出缺不補」的消極方式減少用人，以致各事業的員工年齡結構呈現逐漸老化之不正常現象。

(四)薪資調整無企業化理念

依《國營事業管理法》第14條規定，國營事業應撙節開支，其人員待遇及福利，應由行政院規定標準，不得為標準以外之開支。又依各主管機關所訂定「事業機構用人薪給管理辦法」及行政院令頒之「公營事業機構員工待遇

授權訂定基本原則」，各事業應本企業化經營理念，衡酌其生產力及附加價值，據以編列年度之用人費用總額；各事業在人事費用總額內，自行決定員額及調薪幅度。惟各公營事業違背用人費率之精神，以往其員工調薪比照公務人員調薪幅度，致各公營事業用人費用大幅上漲；尤其自1989年度起，公營事業核發經營績效獎金，而每位員工營業利益莞大幅下滑，有違企業經營原則。

　　一般而言，公營事業從業人員相對於民營企業之從業人員而言，其工作較有保障，此等終身晉用的員工可能比較不具風險偏好，無法因應企業環境之急遽變動。就理論言，員工之薪資，民營應高於公營，實際情況為民營企業高層主管待遇高於公營事業高層主管，中低層人員待遇，則公營事業高於民營企業。致公營事業員工比較缺乏冒險及創新的精神；再者由於公營事業員工薪資之調整無法適切反應實際需要，使其易於流失優秀人員。

十、非理性之私利因素作祟

　　理論上，政府官員或民意代表都應為全民利益著想，管理與監督各公營事業的營運，使其產品售價或服務之費率合理，並能提高產品或服務之品質，但其中少數人有時難免為了本身的目的，而扭曲了公營事業決策方向和資源分配的方式。例如，設法促使公營事業投資方向配合自身事業的發展、為選票而影響公營事業的經營、為本身利益或選票或意識理念而阻止政府釋出公股或出售資產或投資。[2] 而當此種決策與監督管理制度愈冗長且層層節制

時，此少數人目的愈能隨心所欲。此不僅可能使公營事業領導力受損，也嚴重妨礙到事業創新的意願與策略選擇的機會，扼殺其生存與發展。

政府民營化作為的檢討

派員出國取經

政府政策在1980年代初期即倡言經濟自由化，然而，遲至1987年起政府主管機關及各公營事業才分別成立民營化專案小組，並分別派員赴英美日等國家考察學習各國公營事業推動民營化過程，分析檢討其成效與改進事宜，以作為各公營事業民營化之借鏡。

行政院為使公營事業民營化政策能有效執行，於1989年7月間成立「公營事業民營化推動專案小組」，其成員包括各國營事業主管機關首長、政務委員、行政院秘書長、主計長、經建會首長及省府主席。該專案小組會同經濟部首先研擬修訂《公營事業移轉民營條例》，於1989年11月下旬由行政院函送立法院審議。

補強民營化的法源依據

---

2 公營事業開放民營，不但是國家經濟資源有效運用的政策目標，同時也是民主進步黨黨綱基本綱領所揭示的基本主張。在立法院運作，我為了貫徹此等目標，在決策關鍵過程，竟讓我見識到當時部分同志的行為竟是公然背離自己黨的黨綱主張，派系意識凌駕黨意，令人感到心寒。

　　雖然政府早於1953年1月制定公布《公營事業移轉民營條例》作為公營事業移轉民營之根源，惟三十餘年來，公營事業只見範圍不斷延伸，規模不斷擴大，未曾見到移轉民營，該條例淪為樣版。行政院於1989年研擬修正該條例，有關民營化的政策方向為：(1)直接涉及國防秘密之事業；(2)專賣或獨占性之事業；(3)大規模公用或有特定目的之事業，以政府經營為原則。但若屬於這三類事業經主管機關審慎情勢認為已無公營必要，可報請行政院核定移轉民營，其他公營事業均應移轉民營。

　　專案小組初步決定中鋼等22家公營事業，為第一批可進行民營化的推動對象。(參見表5)。

　　立法院經濟等五委員會聯席審查「公營事業移轉民營條例修正草案」時，將前述三款之事業若要移轉民營，修正為除報由行政院核定外，並需經立法院通過，惟院會審查時，修正為「公營事業經主管機關審慎情勢，認已無公營之必要者，得報由行政院核定後，轉為民營。」較原條例及行政院修正草案放寬，且採立法院授權行政院決定。又本條例因牽到員工權益及政府民營化政策，立法院於審查時非常熱烈，且有工會等團體至該院請願，至1991年6月三讀通過修正全文13條，於同月公佈施行。

施行細則遲遲登場

　　該條例第12條規定本條例施行細則，由行政院定之；第9條規定公營事業移轉民營出售股權時，保留一定額度之股份，供該事業之從業人員優惠優先認購；其辦法由主

表5　行政院核定第一批民營化的22家公營事業名單

公司名稱	主管機關	公司名稱	主管機關
中國鋼鐵公司	經濟部	臺灣航運公司	臺灣省政府
中國石油化學公司	經濟部	臺灣機械公司	經濟部
第一銀行	臺灣省政府	中國造船公司	經濟部
華南銀行	臺灣省政府	唐榮鐵工廠公司	臺灣省政府
彰化銀行	臺灣省政府	臺灣中小企銀	臺灣省政府
臺灣汽車客運公司	臺灣省政府	臺灣土地開發公司	臺灣省政府
中華工程公司	經濟部	臺灣人壽保險公司	臺灣省政府
中國產物保險公司	財政部	臺灣產物保險公司	臺灣省政府
中興紙業公司	臺灣省政府	陽明海運公司	交通部
農工企業公司	臺灣省政府	交通銀行	財政部
高雄硫酸錏公司	臺灣省政府	中國農民銀行	財政部

管機關報請行政院核定之；第8條第4項、第5項分別規定
被資遣人員，如符合退休條件者，另按退休規定辦理；依
第2項辦理離職及依第3項資遣者，有損失公保養老給付或
勞保老年給付者，補償其權益損失；移轉民營時留用人
員，如因改投勞保致損失公保原投保年資時，應比照補償
之；其他原有權益如受減損時，亦應予以補償。補償辦
法，由主管機關擬訂，報請行政院核定之。

　　1991年6月《公營事業移轉民營條例》修正公佈後八
個月，亦即至1992年2月28日，行政院才發佈本條例施行
細則。其相關之員工權益補償辦法及優惠優先認購股份辦
法各主管機關仍未訂定，致民營化無法施行。

　　在此期間，多家國營事業產業工會幹部組成「公營事業員工權益促進會」，提出與其所屬事業權益有密切關係之意見，向有關機關請願建議納入相關辦法中。諸如，公營事業員工如經國家考試及格，在事業移轉民營時能轉調到其他政府機關服務；員工優先認股金額應為平均薪資總額二十四倍，且不得少於政府持股30％等，致各主管機關未能儘速發佈其從業人員權益補償辦法及其從業人員優惠優先認購股份辦法。

　　雖然問題重重，但民營化為政府既定之政策，相關子法總需訂定。財政部終於在1992年9月23日發佈施行「財政部所屬公營事業移轉民營從業人員權益補償辦法」及「財政部所屬公營事業移轉民營從業人員優惠優先認購股份辦法」；經濟部於1992年11月27日發佈施行；交通部於1993年3月25日發佈施行；臺灣省政府則於1993年7月間發佈施行。

編列釋出公股預算

　　政府執行民營化方式以出售或標售股權為主，有價證券在公開市場買賣，依《證券交易法》規定，須先向證券交易所申請並經其核准上市。列入首批民營化之事業，其股票已上市者為臺機公司、中鋼公司、第一銀行、彰化銀行、華南銀行、中國石油及陽明海運公司。政府須編列預算釋出公股，送立法院審查；惟國會朝野審查意見不一，民營化腳步緩慢。

民營化的阻力

公營事業經營績效不彰，資本報酬率偏低或甚至虧損、生產力低落、成本及價格偏高、資源使用效率差、及服務品質不佳，這些問題當然不能全歸咎於從業人員，而是企業公有所不能避免的後果。惟政府提出民營化時，必招致部分政治人物及公營事業員工反對，因為民營化使既得利益者頓失依賴，包括選票等政治因素之考慮，故乃百般阻撓並提出強烈質疑及抗爭。民營化之阻力主要有五方面：

一、員工抗爭

公營事業民營化首先要面臨的是員工的反對壓力，若能消弭員工之反對力量，甚而轉為贊同，化員工之阻力為助力，應為民營成敗之關鍵。因此，公營事業移轉民營時，其從事人員的權益如予適當保障，將有利於民營化工作之推行。以下先就員工權益問題提出探討。

(一)員工權益問題影響經濟發展

勞工問題與經濟發展息息相關，如果勞工問題未能獲得合理的解決，其經濟發展一定受到阻礙。公營事業民營化首先必須面對的是員工問題，在民營化的過程中，現有員工權益如未能適當予以保障，員工必然群起反對，反對一多，再好的政策或規劃皆會落空，民營化政策也就動彈

不得。因此，爲使民營化政策順利推動，穩定員工情緒，維持企業之正常營運，並善盡企業責任，須對其從業人員因事業移轉民營所減少之權益予以補償。

(二)員工權益問題涉及大衆利益

員工權益應予以妥適保障，以緩和其抗拒心理。但如一味討好員工予以過度保障，而定出不合理或過分的優惠辦法，或對新的業主給與太多的限制或要求，屆時公營事業資金將大量失血，其經營管理必受極大干擾，對企業之持續經營產生嚴重影響；且由於補償員工權益受損之資金，來自全體國民的稅捐，以此作爲少數人之額外利益，有失公平與正義，影響社會大衆多數人之利益。

(三)員工權益問題涉及政治安定

公營事業民營化員工權益問題，雖然大多導源於經濟方面之因素，但一經發生，即迅速與政治方面發生密切的關係，造成政治上的不安。此可從政府修正公營業事移轉民營條例，公營事業之工會即不斷抗爭，並將其轉爲政治訴求，即可見一斑。

二、員工權益問題之糾葛

公營事業民營化員工權益問題，就《憲法》第15條規定人民之生存權、工作權及財產權，應予保障分析，公營事業民營化員工權益問題包括個別勞工保護、集體勞工保護、就業安定保護、所有權社會化及經營權民主化等五方

面如圖1。至於員工權益問題之項目與內容如表6所示。

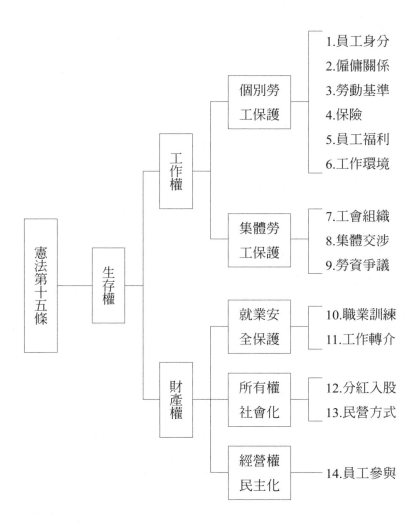

圖1　公營事業民營化員工權益主要問題

表6　公營事業民營化員工權益問題內容

項號	員工權益問題項目	員工權益問題內容	
		民營前情形或作法	民營後可能改變或影響
1	員工身分	1.適用公務員服務法、懲戒法等。 2.具有公務員身分或兼具公務員與勞工身分。	改為純勞工身分
2	僱傭關係 (工作保障)	1.員工均依政府頒行之人事法令晉用、任免。職員尚有考試任用限制。 2.員工除非有重大過失，不易被解職。	1.民營公司可自訂人事規章，晉用、任免不再受限。 2.符合勞基法資遣條件即可辦理人員裁減，工作權較無保障。
3	勞動基準 (1)薪資	1.從未減薪。 2.依行政院核定之薪給原則辦理，每年調幅最高不得超過全國軍公教待遇調幅，彈性小。	1.民營後薪資水準不再受軍公教人員待遇調幅上限限制，但遇虧損也可能減薪。 2.依員工能力給予不同程度調薪。
	(2)津貼、加給、獎金	目前各公營事業有不同的津貼、加給、獎金，例如危險加給、工作獎金、績效獎金、全勤獎金、久任獎金等等。	1.民營後原有津貼、加給、獎金可能維持，也可能簡併，甚至取消。 2.依員工貢獻給予不同之獎金。
	(3)工時、休息、休假	每週工作時間４４小時，其餘均依勞基法規定辦理。	仍依勞基法規定辦理，惟每週工時可能維持也可能延至48小時。

	(4)請假	依勞基法規定辦理，但有部分比勞基法優越(如部分事、病假免扣薪等)。	仍依勞基法規定辦理，但原有較優規定可能維持也可能取消。
	(5)退休年資、年齡及退休金	1.職員之退休年資任何公職年資均可併計。 2.職員退休年齡最高65歲，工員一律為60歲。 3.退休金有比照勞基法發給，也有領月退者，也有依單行法規辦理者，領一次退休金及月退休金。	1.民營化時辦理年資結算，退休年資重新起算，從業人員可領取二次退休給予。 2.民營後可能維持原有標準，也可能依勞基法標準一律60歲退休。 3.民營後月退制是否能繼續維持，值得懷疑。
	(6)資遣	依(比照)勞基法規定辦理。	依勞基法規定辦理。
	(7)職業災害	職員比照勞基法規定辦理，工員依勞基法規定辦理。	一律依勞基法規定辦理。
	(8)撫卹	職員均依事業人員退撫辦法辦理。	勞基法未有規定，原有標準可能維持，也可能改變或取消。
4	保險	1.職員及其眷屬投公保，工員投勞保。 2.全民健康保險實施後，皆參加此種保險。	1.民營後員工只能投勞保，不能投公保，其眷屬也不能繼續參加公保眷屬疾病保險。 2.全民健康保險實施後，皆參加此種保險。

5	員工福利	依職工福利金條例規定及各該事業另訂之優惠辦法辦理職工福利。	仍依職工福利金條例規定辦理：惟福利金提撥金額可能較目前為多或少，福利措施也可能變好或變壞。
6	工作環境	冗員充斥、工作穩定、流動率低。	人員精簡，工作可能趨於緊張。心理壓力大，流動率高。
7	工會組織	1.公營事業工會擁有事業單位雄厚資源與支持。 2.公營事業負責人並非事業投資者或所有者，故與工會立場並不對立。 3.工會經費部分由事業機構支援。	民營後工會是否仍能繼續使用事業單位原有之資源及獲得事業支持，尚不一定。
8	集體交涉	公營事業集體交涉因受許多法令限制，協商空間狹小。	民營後許多法令束縛解除，集體交涉空間應可增大。
9	勞資爭議(爭議權)	公營事業員工因具公務員身分，與國家有特別權利義務關係，故許多爭議權，例如罷工、怠工、集體請願等均遭禁止。	民營後所有員工不具公務員身分，若干爭議權限制將解除。
10	職業訓練		民營後原有職訓或培訓制度可能改變，也可能維持。

11	工作轉介	只要合乎規定，可轉介至其它公營事業或行政、教育機關。	民營後這項權益可能消失。
12	分紅入股	無分紅入股制度	1.民營化過程中員工享有優先優惠認股權利。 2.民營後該權益能否維持不一定。
13	民營方式		採用何種民營化方式與民營化後員工權益息息相關。
14	員工參與	通常以勞資會議、人評會、職工福利會、勞工退休準備金監督委員會等等法定組織爲參與管道。	民營後前項法定組織一般說來應會維持，惟參與程度如何，仍需視民營事業之經營理念而定。

員工抗拒民營化之原因

綜合而言，公營事業員工抗拒民營化眞正原因，有下列幾點：

(一)面對新環境的不安全感

員工已經熟悉原來工作環境，並且辛苦的與它建立了關係，一旦民營化，勢必引進一些不確定因素，使原有員工無法如往昔隨心掌握，而對環境感覺陌生與複雜，因此，在主觀上員工難免有抗拒民營化的心理。

(二)可能產生經濟損失

員工抗拒民營化最顯著的理由是經濟損失，員工擔心被資遣，害怕既有的權益受損。無視未來民營化，事業可能會有更好的發展，員工關心的是眼前經濟上的直接利益，擔心民營化後將減少他們經濟上的收入。

(三)可能影響既有的社會地位

民營化後業主以獲取最大利潤為考量，定會改革內部組織、調遷員工，將原有之非正式組織予以拆散，因此，員工間原建立之非正式關係或團體，及個人在原有團體已被確認的地位象徵，可能多少會受到影響，甚至被破壞。

(四)受人事管理制度牽制

原由各主管機關訂定之從業人員管理法規，將因事業移轉為民營而不再適用，而由新的業主配合其經營管理之需要另訂人事規章。因此，民營化後其從業人員必須適應另一套管理制度與新的企業文化，此種改變將對其生活構成威脅。

(五)不受尊重所產生之抗拒

公營事業是否被列入民營化及其優先順序，完全由政府主導，員工係事後才被告知，員工不能適度參與或表達意見。在勞工意識高漲之今日，以此種權威主導方式來決定員工命運之決策，員工當然會產生抗拒心態。

(六)錯誤訊息之誤導

員工對民營化之抗拒有時是來自於一些道聽塗說之不正確訊息,導致員工臆想最糟之狀況,因而產生排斥與抗拒心理。

(七)反彈資方違反契約誠信原則

部分公營事業員工,往昔之所以選擇公營事業之工作機會,主要是因公營事業工作穩定、有保障、不致中斷,而今移轉民營,原有之待遇福利等均受影響,使員工突然發覺當初選擇錯誤,影響其原有之生涯規劃,因此,認為資方中途片面違約,有失誠信原則。

(八)工會的號召

工會對民營化一向採取反對立場,因此當政府推動民營化時,工會往往帶頭反彈,號召會員採取不合作態度或抗爭行為。而其所持之理由,不外下列五點:

1. 指責民營化是賤賣國家資產;
2. 不相信民營化可提升企業生產力及競爭力;
3. 批評民營化會降低對消費者之服務水準;
4. 認為民營化會影響工會會員的勞動條件與勞資關係;
5. 證券市場無法吸納如此龐大公股,反而轉由中國國民黨經營之事業購入,使執政的中國國民黨黨營事業日益壯大。

員工權益保障難盡如人意

(一) 員工工作權保障難面面俱到

員工工作權是否會因移轉為民營而喪失,這是員工最關心焦點。然公營事業往往冗員充斥,人事費用均較一般民營企業高出許多,民營化時為開源節流,精簡人員為必經之途,只能予以轉介、施予第二專長訓練或優予補償。有關轉介措施,因公營事業將先後陸續移轉民營,轉介至其他公營事業的空間日漸縮小,確有實際困難;至於施予第二專長訓練,只能做到充分運用人力,亦無法保障員工工作權,故於改制時,優予補償被裁減員工較符實際需要。但仍無法消弭員工不滿的情緒,阻力仍然存在。

(二) 員工優先認股存在分配不合理問題

為消除公營事業從業人員抗拒民營化的心理,除保障其既有權益外,給予優先認股,應有利於民營化工作之推行,且可激勵其對事業之向心力。惟各公營事業性質不一,有的係資本大、員工人數少的資本密集型,有的係資本少、員工人數多的勞力密集型,以致各公營事業股權與員工人數之比例,相當懸殊。因此,如以公營事業股權一定比例,由員工認購,則各事業間每一員工認購之股數發生極大差異,顯然有欠公平。如以各公營事業員工平均薪資為基礎計算其認股額,其差距雖大為縮小,但發生一般認為經營績效欠佳的公司,其平均員工薪資,反較經營績

效較佳公司平均員工薪資為高，有欠合理。

「公營事業移轉民營條例施行細則」所定優惠優先認購額度，係就各該事業平均薪給標準總額二十四倍之總金額以第一次認購價格換算為全部從業人員之認購總股數。但認購總股數不得超過各該事業已發行股份總數之35％。

(三)補償員工權益之損失

公營事業轉為民營型態時，其從業人員不願隨同移轉或依約未能隨同移轉者，應給與離職金；繼續留用人員辦理年資結算，若有損失公保養老給付、勞保老年給付或其他原有權益受減損時，現行條例也規定應給予合理補償。就現行法令而言，落實執行足以對員工權益損失善盡補償責任。

員工退休準備金嚴重不足

員工退休金是員工服務酬勞之一部分，依一般公認會計原則規定應採權責基礎，依成本與收益配合原則，在員工服務期間按期提撥退休基金、提列退休準備金，不應於員工退休時及退休後才認列，然而，各公營事業提撥(列)退休基(準備)金嚴重不足。以1992年6月底中央政府所屬國營事業統計，估計不足1772億元(參見表7)；另外，退輔會安置基金直營事業員工二萬餘人，截至1991年6月底，退休準備金僅三億元，不足情況非常嚴重(參見表8)。未來推動民營化，影響股價甚大，甚至政府可能還要倒貼。

三、業務狀況逐漸惡化

　　獨占性之公營事業，雖經營效率偏低，可經由調整價格產生盈餘而粉飾，若與外國同業比較，則慘不忍睹。具有競爭性之公營事業，有閒置土地者，可藉出售土地粉飾其經營虧損，且出售土地之盈餘，依《所得稅法》及《公司法》規定，直接列入資本公積，不須繳納所得稅，盈餘也不須繳庫，造成虛盈實虧之假象。其他無閒置土地者，因競爭能力薄弱，業務逐漸萎縮，虧損日益擴大，財務日益惡化，而面臨破產的危機，例如臺灣機械公司、中國造船公司、臺灣鐵路管理局及臺灣汽車客運公司等。

四、民意機關阻撓

　　民意代表因公營事業民營化後利得之損失、影響力降低、政府官員對其酬庸機會減少及影響其未來之競選等因素，而予以阻撓。部分民意代表以民營化後，從業人員工作權未獲充分保障，且從業人員權益損失未獲合理補償理由，主張只需解除對公營事業之預算、人事、採購暨額外的政策任務等約束、限制或負擔，公營事業就可與民營事業競爭，百般抗拒民營化。

　　前述雖言之成理，然經濟自由化為我們必走之路，企業必須在良好的經營效率下才能生存。國家整體的利益應高於少數人的私利，不能因少數人的利益，而破壞既定政策。少數民意代表視公營事業為禁臠，千方百計阻撓民營化，例如，1988年9月省府委員會議通過將第一、彰化、

表7　國營事業職工退休準備金提列及不足統計(1992年6月30日)

單位：千元；人

事業名稱	退休準備金帳列餘額	累計應給付現有人員總額	差額		1994年度預算員額
中央銀行	972	－			
中央造幣廠	71,400	300,845	(-)	229,445	305
中央印製廠	296,251	1,300,740	(-)	1,004,489	1,295
臺灣糖業公司	1,981,128	16,655,161	(-)	14,674,033	10,051
臺灣製鹽總廠	123,281	1,432,500	(-)	1,309,219	830
臺灣肥料公司	651,736	4,982,720	(-)	4,330,984	2,740
中國鋼鐵公司	5,876,702	11,340,695	(-)	5,463,993	10,753
臺灣機械公司	349,312	3,653,165	(-)	3,303,853	2,765
中國造船公司	1,944,687	11,707,533	(-)	9,762,846	7,463
中華工程公司	666,000	3,620,000	(-)	2,960,000	2,325
中國石油公司	4,542,577	30,443,760	(-)	25,901,183	23,530
臺灣電力公司	8,919,187	44,500,000	(-)	35,580,813	34,653
中國石油化學工業開發公司	866,463	2,820,000	(-)	1,953,537	2,070
中國輸出入銀行	69,292	87,130	(-)	17,838	213
交通銀行	373,363	798,000	(-)	424,637	1,372
中國農民銀行	421,323	647,646	(-)	226,323	2,082
中央信託局	589,640	1,105,307	(-)	515,667	3,309
中央再保險公司	59,131	105,080	(-)	45,949	143
中國產物保險公司	75,012	213,372	(-)	138,360	327
中央存款保險公司	21,911	16,432	(-)	5,479	160
交通部郵政總局	507,571	23,539,500	(-)	23,031,929	29,888
交通部電信總局	2,933,587	40,502,210	(-)	37,568,623	38,232
陽明海運公司	50,823	884,290	(-)	833,467	1,491
招商局輪船公司	1,274	147,248	(-)	145,974	210
衛生署麻醉藥品經理處	1,907	72,938	(-)	71,031	110
合　　　　計	31,666,104	201,413,037	(-)	169,746,933	177,204

說明：交通銀行歐洲公司及郵政儲金匯業局分別併入交通銀行及郵政總局計算。

表8　退輔會安置基金直營事業退休準備金提列及不足統計　單位：元

安置基金直營事業單位	截至1991年6月底退休準備金餘額	1992年度預算提撥		1993年度預算提撥		是否足敷未來需要	提撥不足因應措施
		%	金額	%	金額		
榮民工程事業管理處	45,452,111	20	470,163,658	20	498,373,477	否	以當期營業費用列支
液化石油氣供應處	15,022,537	3	5,268,000	3	13,834,000	是	
森林開發處	50,650,531	6.19	8,980,000	15	15,996,000	是	
海洋漁業開發處	0	—	750,000	—	—	結束營運	
魚殖管理處	0	10	1,600,000	110	1,976,000	是	
榮民礦業開發處	256,096	2	297,522	2	343,300	是	視需要提高提撥比率
榮民印刷廠	16,324,870	8	6,480,000	8	7,128,000	是	
榮民製藥廠	48,822,173	2.62	3,600,000	2.68	3,600,000	是	
榮民氣體製造廠	1,778,574	8.31	5,307,725	7.60	5,000,000	—	
榮民化工廠	327,394	0.14	586,786	0.10	590,487	—	
彰化工廠	972,877	14.96	10,400,000	11.08	8,583,000	是	
塑膠工廠	2,416,878	5.20	6,000,000	6.80	6,000,000	是	
冷凍加工廠	1,830,915	2.14	540,000	—	—	結束營運	
臺北紙廠	2,027,374	6	6,000,000	6	6,000,000	是	
桃園工廠	921,281	7.33	8,632,000	7.24	9,317,000	否	以當期營業費用列支

岡山工廠	4,243,378	8.28	3,000,000	0.45	2,000,000	否	以當期營業費用列支
龍崎工廠	4,555,210	10	2,800,000	10	2,400,000	是	
臺北鐵工廠	2,401,492	21.84	16,399,824	23.15	19,753,000	是	
臺中木材加工廠	370,764	13.80	3,600,000	17.18	4,800,000	否	以當期營業費用列支
食品工廠	1,725,015	9	2,520,000	9	2,898,000	是	
楠梓工廠	1,128,042	4.94	1,700,000	9.67	3,003,000	是	
榮民製毯工廠	2,335,574	6.40	2,800,000	5.50	1,861,000	是	
臺北榮民技術勞務中心	23,375,255	7	54,978,000	7	54,748,000	—	
高雄榮民技術勞務中心	67,581,473	3.30	44,500,000	3.30	49,104,000	是	
臺中港船舶服務中心	1,524,601	6	851,000	6	427,000	—	
清境農場	928,710	5	240,000	5	240,000	是	
福壽山農場	0	7.96	1,300,000	—	—	否	以當期營業費用列支
武陵農場	2,573,428	3.08	840,000	2.96	600,000	是	
合計	299,546,463		670,224,515		718,575,264		

說明：1994年度預算員額21,790人。

華南銀行公股出售至51%，預定賣出1億1,401萬餘股，作為籌措徵收公共設施保留地的部分財源。然五年來省府一股也沒賣出，股價已自900餘元，經配股、下跌至目前百餘元。其原因雖有三商銀公股股權歸屬爭議，財政部不同意部、省持有股票合併辦理出售，但主要原因仍在於省議會審議三商銀公股出售案，在1989年10月始告確定，並將財政部持有公股排除，限制省府持有公股不得低於51%。其間更有議員提案建議省府出售三商銀公股時機，應以每股300元以上為原則，使得省府出售三商銀股票困難重重。

五、上市時機難尋與推拖

經濟景氣繁榮時期，證券市場活絡，民間承接意願比較高；反之，經濟景氣蕭條時期，證券市場萎縮，則民間承接意願不高，若公股釋出，不但會影響證券市場行情，甚至打擊證券市場股價，且釋股收入亦將減少。財政部延後中國產物保險公司、交通銀行及農民銀行承銷時間，省府也暫緩出售三商銀股票，與股市低迷有密切關係。

截至1992年6月底止，全體公營事業之淨值為1兆5,894億元，其中國營事業1兆1,279億元，省市營事業4,142億元，縣市營事業2,940億元，退輔會所屬事業1,777億元。這麼大的規模如果單靠公股釋出，來達成民營化，除非只是喊喊政治口號而已，否則勢必延宕時日，緩不濟急，且政府未周詳規劃各公營事業股票之上市時機和優先順序，致失去上市時機。列為第一波民營化之22家公營事

業迄今仍是空中樓閣，並未民營化。

近年來上市公司增資數額，1987年為310餘億元，1988年410億元，1989年640餘億元，1990年750餘億元，1991年度880餘億元；而上市公司面值從1987年2,870餘億元到1991年5,820餘億元，四年來增加面值近三千億元，平均每年增加上市面值750億元。以此觀之，若審慎選擇適當時機分批民營化或採公開標售方式移轉民營，對整個證券市場衝擊可減低，但對個股股價則會有較大衝擊。

民營化政府何以執行成效不彰？

一、未能掌握證券市場繁榮時機

在1987年至1990年初之間，金錢遊戲盛行，股價指數由1986年12月1,039點挺升至1989年底9,624點，再下降至目前四千點左右。當時是公營事業民營化的最佳時機，也是穩定股市的最佳工具。可是主管機關卻未積極規劃而坐失良機。當前證券市場低迷，不僅公開出售股權困難，而且一旦釋股則可能股價相應跌落。若以公開釋股方式民營化，只能再等待適當時機。

二、無專責機關積極推動執行

行政院為使公營事業民營化政策能有效執行，於1989年7月25日成立「公營事業民營化推動專案小組」，由行政院經建會主任委員擔任召集人，但是，該小組似乎在提

出民營化名單後消聲匿跡，未曾有效推動民營化工作。臺灣公營事業共有112家，依《公營事業移轉民營條例》規定，皆可移轉為民營，其主管機關包括經濟部、財政部、交通部及省市、縣市政府。自1991年6月《公營事業移轉民營條例》完成修法程序後，有關各公營事業民營化規劃、執行工作，則由各主管機關自行訂定，未能統籌周詳的規劃各公營事業民營化先後次序、致各主管機關各行其是，規劃混亂，推動緩慢，執行成果不理想。

三、各公營事業未依一般公認會計原則提列⑺員工退休準備㈢金

員工退休金係屬員工服務酬勞之一部分，依《會計法》及一般公認會計原則應採權責基礎，依成本與收益配合原則，於員工服務期間以合理而有系統方法按期提列⑺退休準備㈢金。前已述及，各公營事業提列數嚴重不足，就連國營事業之模範生，不足數亦高達50億元以上，年年超盈餘之電信總局亦不足400億元以上。

各公營事業之退休金給付義務如按規定處理，所產生之財務報表恐將令人誤解，而讓投資大眾作出錯誤之投資決策，並影響出售價格。然因《公營事業移轉民營條例》第8條明文規定，公營事業移轉為民營型態時，除其從業人員不願隨同移轉者，及因新舊雇主另有約定未隨同移轉者，應給與離職金外，繼續留用人員，得於移轉當日由原事業主就其原有年資辦理結算。而該條例施行細則第15條規定所稱結算，係指結清年資，辦理給付。辦理結算後之

從業人員，其年資重新起算。亦即移轉為民營時，原有全體從業人員無論年資多寡、皆應結算退休金並給付之。

這種作法使權利義務關係結清，避免承接企業與員工之糾葛困擾，但由於歷來公營事業未依一般公認會計原則提列員工退休準備金，造成民營化事業一項沈重負擔，必須向金融機構貸款才能給付員工退休金，可能造成企業財務結構惡化，利息負擔更多。

四、從業人員年資結算給付標準迥異徒增紛爭

各公營事業從業人員退休撫卹標準，前已述及因其主管機關不同，給付內容亦不同。再加以《公營事業移轉民營條例》僅規定不適用勞動基準法之事業從業人員，其離職給與得比照適用實施勞動基準法事業之從業人員。對於年資結算則未規定得比照適用，造成同樣年資同樣等級之員工，其退休金給付額不僅不同且差距太大，致未實施勞動基準法事業之從業人員氣憤不平，金融保險事業遲遲無法推動民營化亦是主要原因之一。

五、移轉價格評定欠缺公允

有關移轉價格，不論是一次或分次出售股權，抑是一次或分次標售資產，依《公營事業移轉民營條例》第7條之規定，應由主管機關會同有關組織評價委員會，評定其價格，而依該條例施行細則第8條之規定，成員全為政府機關所指派之代表組成，僅於必要時才徵詢學者專家或該

移轉民營事業代表之意見。造成該民營化事業之財務報表，在各重要事項上，是否依照一般公認會計原則編製，能否允當表達該事業之財務狀況、經營成果及現金流量情形，均令人質疑。就以金融機構逾期放款及催收帳款而言，如經會計師評估後確定擔保品不足或很有可能收不回來時，便須沖抵備抵呆帳，不足沖抵時，須列為損失，而非以陳報主管機關核准為要件。是以在決定移轉價格前，事業之財務報表應先經會計師查核簽證，以避免嗣後之爭議。

六、民意反對下行政部門因循推拖

有些民意代表因個人認知或資源可能喪失之私利因素反對民營化，以民營化係重大政策理由，規定各公營事業民營化應先獲民意機關同意，更有規定公股之出售不得使出售後持股低於51％，或規定每股價應在幾元以上，而此種價位比市價高出好幾倍，等於是公然阻止民營化。民營化是既定政策，不應為了私利而阻礙與全民有利的政策之推行，所幸尚有部分堅持自由化之立委，於審查總預算案時提出公營事業應限期民營化之附帶決議或注意辦理事項。

1993年3月，立法院財政、經濟委員會聯席會通過「財政部及其所屬並經行政院公布之第一批民營化事業，應於一年內完成民營化」之決議，充分展現國會督促民營化落實之迫切性。依立法院決議內容應涵蓋國營、省營及北高二市所屬金融機構，但財政部卻以無權主導推拖。由

此可看出，行政部門的消極推拖，已成為民營化的另一大障礙。

我們的診斷建議

為落實公營事業民營化，我們提出以下七個對策：

一、徹底私有化，政府持股應低於20％甚至5％

政府將民營化與民營企業劃上等號，認為祇要將公營事業政府持股比率降至該事業實收資本50％以下，即為民營化，並將政府捐助全部或部分資金而成立之財團法人，其轉投資事業之持股不予計入政府持股。同樣的，亦將被投資公司再轉投資於其他事業之資金，未按政府持有被投資公司之持股比率，計入政府之資本，造成所謂「假民營真國營」，民意機關無法監督，亦違背民營化之真諦。所謂民營化即私有化，它是經濟自由化的途徑，私有化不僅是公營開放民營，且亦包括公務部門的處理交由民間辦理或提供，其作用在使經濟活動的整個領域，從政治化、非商業化的政治部門，移轉至消費者感應與謀利的私人部門。

一般公認會計原則對於長期股權投資之會計處理方法，因對被投資公司是否有重大影響力或是否具有控制能力，而採用不同處理方法。若下列情況存在，通常表示投資公司對被投資公司具有重大影響力：

1. 投資公司持有被投資公司普通股股權百分比為最高

者。

2. 投資公司及其子公司派任於被投資公司之董事，合併超過被投資公司董事總席次半數者。

3. 投資公司派任有總經理者。

4. 投資公司依合資經營契約規定，擁有經營權者。

5. 有其他足以證明投資公司對被投資公司具有重大影響力之事項者。

　　普通股投資究應達到多少百分比，才對被投資公司具有重大影響力，因各種情況而異，除了上列各項可供參考外，美國會計原則委員會及臺灣財務會計準則委員會皆規定，占被投資公司普通股股權20％以上至50％者。但有證據證明投資公司對被投資公司無重大影響力者，不在此限。至於投資公司持股占被投資公司普通股股權50％以上者，應有絕對的控制能力。

　　民營化之目的在促使資本大眾化，增進事業經營自主權，免除不必要的干預與約束，政府持股比率高於20％時，相較於股票上市持股人的零散，公股仍居有舉足輕重的地位，仍有絕對的影響力。是以，公營事業民營化，政府持股比率應低於20％，甚至低於5％以至完全釋出，不應高於25％至49％，而繼續影響該事業之經營權，如中國國際商業銀行的股權，行政院開發基金持股占46.58％，而且負責人皆由政府指派，顯然違反民營化意旨。

二、公營事業民營化前，應先釋出其轉投資公司之股權

　　依行政院發布「國營事業參加民營事業投資管理辦法」第2條規定，國營事業基於下列各款之需要，得投資於民營事業：

1. 以各該事業產品爲原料作進一步之發展者。
2. 與各該事業之生產或銷售業務關係密切，或有相互依存關係者。
3. 以引進國外新技術或新製造方法爲目的者。
4. 新事業之創辦或改進業務之經營，宜與外資合作者。
5. 各該事業資力不足以創辦新事業，且有鼓勵民間投資合營必要者。
6. 其他基於政府政策之需要者。

　　公營事業對其轉投資公私合營事業之經營，均有指派公股代表，擔任各轉投資公私合營事業之董監事或高級職員等職務，讓政府高級官員獲取額外兼職酬勞。公營事業民營化爲政府既定政策，祇要已無公營之必要，皆可轉讓民營，且政府對公營事業所轉投資之公司已完成階段性任務，應可釋出轉投資公司之股權，以避免利益輸送之嫌，並維持該事業正常發展及帶動民間之投資。

　　再者，在「信託法」未制定前，政府機關或非營業循環基金以「信託方式」委託公營或民營事業轉投資，是否應計入政府資本，行政機關概以受託人不知要投資於何家公司，且登記股東名字爲受託人，而採否定說，而民意機關則主張其資金爲政府所有，故應予併計入爲政府資本。然依「一般公認會計原則彙編」第15條規定，交易事項之

經濟實質與其形式不一致時，會計上應依其經濟實質處理之。是以，以信託方式轉投資，該投資資金應予計入為政府資本。

茲就政府機關、公營事業、作業基金、公設財團法人及其轉投資事業投資於其他事業，持股超過50％及持股逾20％未達50％者，而政府具有控制能力或重大影響力者，列如表9、表10所示，備供歷史研參。

三、責成經建會全權推動民營化事宜

行政院為使公營事業民營化政策能有效執行，曾於1989年7月」25日成立「公營事業民營化推動專案小組」，其成員包括行政院政務委員、經濟部部長，財政部部長、交通部部長、行政院秘書長、行政院主計長、臺灣省政府主席及經建會主任委員。並由經建會主任委員擔任召集人，該會經濟研究處、經濟部國營會及財政部證管會擔任幕僚工作。專案小組任務為：擬訂民營化推動方案，修訂或訂定民營化有關法令，研擬解決民營化時所遭遇問題之途徑，審議民營化執行方案等項，藉以統籌規劃與協調推動民營化各項事宜。

惟自1991年《公營事業移轉民營條例》修正公布施行及其施行細則發布實施以後，該小組幾乎已經停擺，任由各事業主管機關各自推動其所屬事業民營化，甚至出現部會首長易動就改變不執行其所屬事業民營化作業之情形。

在事權不統一的情況下，使得政府在釋出股權時，不能靈活運用各種可行途徑，以至迄今沒有一家公營事業達

表9　政府持股佔50%以上具有公營本質之事業名單

公司名稱	實收資本(億元)	參加投資機關	持股面額(億元)	佔有率%	備註
國際電信開發公司	待查	電信協會	—	100.00	原由電信總局以其官員名義辦理公司登記，後變更電信協會。
國際視聽傳播公司	待查	臺視、中視、華視		100.00	
臺灣米漢納公司	0.01	臺灣機械公司	0.002	24.5	金屬工業中心為政府捐助成立之財團法人
		中國造船公司	0.002	24.5	
		金屬工業研究發展中心	0.005	51.0	
聯合大地工程顧問公司	0.26	中華工程公司	0.03	12.5	中興工程顧問社及中華顧問工程司為政府捐助成立之財團法人
		榮民工程事業處	0.09	35.1	
		中鼎工程公司	待查	—	
		中興工程顧問社	待查	—	
		中華顧問工程司	待查	—	
中華票券金融公司	2.70	中油公司	2.38	8.84	
		臺電公司	2.62	9.73	
		交通銀行	4.77	17.69	
		行政院開發基金	9.31	34.10	
		彰化銀行	1.19	4.37	
		世華銀行	1.19	4.37	
交運通租賃公司	2.00	交通銀行	0.80	40.0	美國運通租賃公司出資1億元，佔50%。
		彰化銀行	0.20	10.0	
朱拜爾肥料公司	31.26	經濟部	15.63	50.0	中沙合資設立
中華電視臺股份公司	待查	教育部	待查	9.84	
		國防部	待查	26.41	
		軍人儲蓄作業基金	待查	9.73	
		華視文教基金會	待查	3.87	

臺北世貿中心國際貿易大樓公司	9.00	交通銀行	2.25	25.00	1.另中央投資公司出資0.28億元，佔31.25%。2.外貿協會為政府捐助成立之財團法人。
		農民銀行	1.12	12.50	
		外貿協會	2.81	31.25	
榮電公司	5.85	電信總局	0.71	12.22	榮僑投資公司為安置基金轉投資之事業，基金持股36.72%
		退輔會安置基金	1.79	30.69	
		榮僑投資公司	1.21	20.77	
		臺電文化工作基金會	1.21	20.77	
中鼎工程公司	待查	中國技術服務社		51.54	1.另中央投資公司佔13.11%。2.中國技術服務社為政府捐助成立之財團法人。
中宇環保工程公司	5.45	中鋼公司	1.3	24.0	
		臺電公司	0.21	4.0	
		中油公司	0.21	4.0	
		臺糖公司	0.21	4.0	
		中華工程公司	0.19	3.5	
		中鼎工程公司	2.77	51.0	
耀華玻璃公司管理委員會	2.00	運用及保管耀華玻璃公司在臺灣之資產	2.00	100	
泛亞工程建設公司	2.12	榮民工程事業處	1.03	48.54	
		中國技術服務社	0.74	35.0	
創新工業技術移轉公司	2.00	工業技術研究院			工研院為政府100%捐助成立之財團法人

沙烏地阿拉伯電力服務公司	1.08	臺灣機電工程服務社	0.54	50.0	
宏碁資訊公司	1.00	資訊工業策進會	0.99	99.0	資策會為政府捐助成立之財團法人
糖福企業公司	1.00	臺灣糖業協會	0.55	55.0	
全聯國際貿易公司	0.20	紡織業外銷拓展會	0.19	99.0	
臺北世貿中心股份有限公司	0.60	外貿協會	0.75	99.9	
宏瞻資訊公司	1.00	資訊工業策進會			投資淨額100,857,314元，但持有股數僅5,106,939股

表10　政府持股佔20％至50％具有控制能力或重大影響力之事業名單

公司名稱	實收資本(億元)	參加投資機關	持股面額(億元)	佔有率(％)	備　註
中國國際商業銀行	108	行政院開發基金	50.51	46.58	董事長：白培英
世華聯合商業銀行	100	財政部所屬三家銀行 交通部所屬郵匯局 臺灣省屬八家行庫 三家中小企銀 中國國際商銀 華僑銀行	44.80	44.80	董事長：林來榮 副董事長：何宜武
中華紙漿公司	40	經濟部 省政府 退輔會	7.70 7.70 2.40	19.17 19.17 6.04	董事長：省政府指派
中國鋼鐵結構公司	80	中鋼公司 退輔會榮工處 中華開發信託公司	15.30 13.00 7.30	19.18 16.24 9.12	董事長：中鋼指派 中央投資公司佔

公司		股東			備註
					7.91％；亞細亞貿易公司佔7.37％；榮工處1994年認購特別股5,196股，佔總股本10％
國際票券金融公司	34	財政部所屬三家銀行	6.70	19.83	
		臺北市銀行	2.25	6.63	
		合作金庫	2.27	6.67	
		中國國際商業銀行	1.77	3.83	
中興票券金融公司	42	臺銀、土銀、一銀華銀、中小企銀	13.04	31.03	董事長：中央投資公司指派；中央投資公司佔44.91％
欣欣大眾市場公司	5.88	退輔會安置基金	3.26	43.44	董事長：退輔會指派；榮僑投資公司為安置基金轉投資事業
		榮僑公司	0.28	4.77	
桃園航勤服務公司	30	交通部	13.50	45.00	
臺灣氰胺公司	1.23	臺糖公司	0.55	45.00	
中美嘉吉飼料公司	5.75	臺糖公司	1.74	40.00	
臺灣建業公司	10	臺糖公司	4.10	41.03	
華友電子材料公司	20.11	中鋼公司	7.04	35.00	
巴拉圭合金鐵廠	0.53	中鋼公司	0.16	30.00	
中鋼碳素化學公司	8.32	中鋼公司	3.21	38.55	中鼎工程公司為公設財團法人中國技術服務社轉投資之公司中華開發信託公股佔11％
		中華開發信託公司	2.08	25.00	
		中鼎工程公司	0.20	5.00	
中美和石油化學公司	27.57	中油公司	9.02	25.00	

臺灣汽電共生公司	10.00	臺電公司	3.80	38.00	
		交通銀行	1.00	10.00	
大通建築經理公司	1.99	中國農民銀行	0.60	30.00	
國際建築經理公司	0.50	中央信託局	0.15	30.00	
國際證券投資信託公司	3	交通銀行	0.24	8.00	中國國際商銀佔10%
		中國農民銀行	0.24	8.00	世華銀行佔8%
		中央信託局	0.24	8.00	中央投資公司佔22.4%
中國建築經理公司	4.67	交通銀行	0.93	20.00	
		土地銀行	0.47	10.00	
長豐公司	0.4	開發基金	0.10	25.00	
慧聚開發投資公司	11	開發基金	2.20	20.00	
臺翔航太公司	52.4	開發基金	5.20	29.00	
		交通銀行	5.24	10.00	
欣泰石油氣公司	3.7	退輔會安置基金	1.08	29.19	
欣雄石油氣公司	2.76	退輔會安置基金	0.76	27.55	
中聯爐石處理資源化公司	8.1	中鋼公司	3.24	40.00	其他主要股東：臺泥、亞泥、嘉泥　董事長：中鋼公司指派
聯亞電機製造公司	9.17	臺電公司	4.18	45.59	中央投資公司佔8.82%；董事長：臺電公司指派
高雄塑酯化學公司	6.67	中石化公司	3.30	37.88	董事長：李勛蒗(曾任中油副總)　光華投資公司佔18.95%
臺灣志氯化學公司	7.2	中石化公司	2.88	40.00	董事長：周　錦
信昌化學工業公司	25	中石化公司	10.00	40.00	董事長：中石化公司指派

臺灣國際標準電子公司	4.4	電信總局	1.76	40.00	
光明航務企業公司	0.2	陽明海運公司	0.098	49.00	
全球創業投資公司	12.04	開發基金	2.80	23.30	臺苯公司、中央投資公司各佔7%
		交通銀行創業投資基金	1.40	11.60	
保生製藥公司	6.09	開發基金	1.22	20.09	中央投資公司佔8.15%
		生技中心	0.29	4.78	
		交通銀行創業投資基金	0.98	16.30	
臺灣自動化公司	0.3	開發基金	0.10	33.33	
臺灣積體電路公司	47.38	開發基金	20.37	43.00	
		耀華玻璃公司管理委員會	0.84	1.78	
欣林天然氣公司	1.88	退輔會安置基金	0.82	43.80	
欣欣天然氣公司	5.83		1.72	29.51	
欣南石油氣公司	4		1.13	28.20	
欣高石油氣公司	5		1.40	28.07	
欣欣客運公司	1.82		0.89	49.07	
欣欣通運公司	1.06		0.52	48.97	
欣隆天然氣公司	1.9		0.74	42.00	
欣桃天然氣公司	2.78		1.19	42.89	
欣中天然氣公司	3.80		1.54	40.53	
欣彰天然氣公司	4.37		1.31	34.41	
欣湖天然氣公司	1.96		0.92	47.24	
欣欣水泥公司	8.08		3.23	40.04	含榮工處、彰化工廠轉投資
泰欣企業公司	0.6		0.26	43.37	
榮僑投資公司	4.26		1.56	36.72	
國華海洋公司	3.06		1.52	49.67	
中心醫療公司	1.9		0.93	49.00	
欣欣電子公司	0.36		0.17	48.00	
欣嘉石油氣公司	1.8		0.81	45.00	
欣營石油氣公司	1.8		0.54	30.00	
欣雲石油氣公司	3		0.86	28.80	

欣屏石油氣公司	1.5		0.45	30.00	
榮裕印刷裝訂公司	0.7		0.35	49.56	
華欣綜合印製公司	0.9		0.44	49.00	
亞誼漁業公司	0.12		0.03	30.00	
榮福股份有限公司	1		0.40	40.00	
欣欣航運公司	0.10		0.05	49.50	
臺灣電視公司	待查	臺灣銀行	待查	14.84	
		合作金庫		4.15	
		第一銀行		7.49	
		土地銀行		7.49	
		華南銀行		7.49	
		彰化銀行		7.49	
		臺視文教基金會		7.49	
臺寶化學公司	4.07	臺肥公司	1.83	45.00	
東臺公司	4.88	臺肥公司	1.95	40.00	
中油太平洋資源公司	128.66	臺肥公司	57.90	45.00	
榮友貿易公司	0.20	退輔會安置基金	0.05	27.75	
榮泰公司	1.2	退輔會安置基金	0.09	30.00	
昆達福益實業公司	0.68	交通銀行	0.08	12.73	另中華開發公司佔12.73％；中央投資公司佔14.58％
		行政院開發基金	0.08	12.73	
聯成石油化學公司	26.18	交通銀行	2.31	8.84	
		行政院開發基金	3.29	12.59	
華興資訊公司	1.00	交通銀行	0.25	25.00	
盟立自動化公司	5.50	交通銀行	0.67	12.25	
		經濟部	0.41	7.50	
		工業技術研究院	0.41	7.50	
系通科技公司	1.10	交通銀行	0.22	19.33	
		電信協會	0.10	9.83	
漢通創業投資公司	8.00	交通銀行	0.89	11.17	另世華銀行佔8.84％
		行政院開發基金	1.48	18.61	

		中美經濟社會發展基金	1.50	18.86	
大通創業投資公司	4.00	交通銀行	0.80	20.00	
弘一科技公司	3.00	交通銀行	0.60	20.00	
利訊科技公司	1.80	交通銀行	0.27	15.00	交銀佔和通公司股權18.82%；佔大通公司股權20%
		大通創業投資公司	0.14	8.00	
		和通創業投資公司	0.14	8.00	
駿祥化學公司	1.20	交通銀行	0.24	20.00	交銀擁有歐華公司股權15%
		歐華創業公司	0.12	10.00	
金剛鐵工廠公司	7.00	交通銀行	1.40	20.08	
大強鋼鐵鑄造公司	0.72	交通銀行	0.16	22.22	
		金屬工業發展中心	0.16		
頻率科技公司	1.16	交通銀行	0.26	23.02	另中華開發公司持股23.02%
光磊科技公司	3.18	交通銀行	0.80	20.74	
欣象科技公司	1.54	交通銀行	0.35	23.22	
		行政院開發基金	0.22	14.89	
美臺電訊公司	15.58	電信總局	2.33	15.00	
		交通銀行	1.55	10.00	
		耀華玻璃公司管理委員會	1.56	10.00	
凌康通訊公司	1.45	交通銀行	0.20	13.79	
		開發基金	0.19	13.24	
彰源企業公司	4.20	交通銀行	1.05	25.00	
利通創業投資公司	4.00	交通銀行	1.00	25.00	
大華創業投資公司	9.00	交通銀行	2.25	25.00	另中央投資公司持股33.33%
臺灣晶寶電子公司	0.60	交通銀行	待查	25.00	
臺灣精華科技公司	0.60	交通銀行	0.12	20.00	
臺灣證券交易所	26.39	中央信託局、交通銀行、臺灣銀行、臺電、臺糖、中油、一	10.29	39.00	另中國商銀、華僑商銀各佔3%，中華開發公

		銀、華銀、彰銀、土銀			司佔7% 董事長：陳思明
復華證券金融公司	24.9	臺灣銀行 土地銀行	3.68 3.68	14.77 14.77	另光華投資公司 佔45.7%
華夏租賃公司	2	交通銀行	0.80	40.00	
裕德通訊公司	2	交通銀行	0.40	20.00	
臺光電子材料公司	4.3	交通銀行	0.90	20.93	
越南合資製糖計畫 (名稱未定)	0.45	臺糖公司	1.78	40.00	1995年度新計劃
屏東副產加工廠遷 移澳洲計畫 (名稱未定)	2.34	臺糖公司	0.94	40.00	1995年度新計劃

成民營化的目標；同時，因為沒有專責機構，使得中央和地方的公營事業在推動民營化時，呈現各自為政、互不相讓之窘境。目的雖然一致，但卻沒有一致之做法，嚴重打擊民營化之成效。是以，為有效推動民營化政策，避免各部會各自為政，以及財政措施、證券市場胃納及從業人員權益問題等，在政府精簡員額不另增設專責機關前提下，民營化相關事宜應由經濟建設委員會統籌規劃、協調及運作，使民營化政策落實施行。

四、訂定民營化時間表確實執行

行政院於1989年間發布第一批民營化之公營事業，但未明定其完成民營化之時期，致民營化迄今仍為空中樓閣，除因無專責機關負責外，主因在於未訂定各公營事業民營化時間表。主管機關在無時間壓迫下，並未積極推

動，且以「股市低迷投資人購買意願低落」，或者以「未能籌得其從業人員年資結算給付金」，或者以「祇要公營事業經營有效率何必非要民營」，或者以「待改善其財務結構後再行民營化」，或者以「正委託專業公司進行規劃中」等為藉口，延緩民營化。當時經濟部長蕭萬長曾說：「公營事業民營化如果要按證券市場之加權股價指數來進行，恐怕很難完成，經濟部所屬事業1983年度的民營化工作，將依照既定時間表執行，不受股市低迷影響」，足證訂定民營化時間表之重要性。

有鑑於此，經建會在振興經濟方案中要求「各公營事業主管機關應於三個月內訂出民營化時間表」，但直到現在，各主管機關仍沒有一個提出推動以迄完成之時間表，這充分凸顯政策執行之不負責任。各主管機關首長若未能密切配合，則應負政治責任。

五、開放經營特許權及取消議價權

經濟自由化、國際化及制度化為國際之潮流，在民營化過程中，比較重要的是產業自由化要先進行，產業自由化能阻止財團壟斷，讓廠商能自主地經營與財團共同競爭。而臺灣公營事業中具獨占性或寡占性之事業，因受各該事業專業法之規定，享有獨家或少數幾家經營之特許權，且集生產與銷售於一身，產生所謂「縱的整體」。另有些是因法律之保障，對於政府發包之營繕工程，享有議價之權，嚴重違反自由競爭及公平交易之原則。

為達成公營事業民營化、提升人民生活品質及讓企業

主善盡社會責任，應修正各公營事業相關之專業法規，開放由民間經營或刪除享有獨家議價之權，去除有害於企業發展的枷鎖，強迫其提升效率。且除直接涉及國防秘密，其經營管理具有不易分割特性，又不能以合約有效規範保密之事業及具有大規模經濟性質而形成獨占之事業外，皆應逐步予以民營化。亦可將現有具獨占性之公營事業，予以分割成若干個單位，在不影響公共安全及人民福祉之下，予以民營化或開放民間投資經營。

六、民營化前推動企業化經營

公營事業民營化被視為解決公營事業問題的萬靈良藥，亦是政府既定之政策，惟因遭遇諸多問題，執行結果毫無績效可言，現有公營事業無法在三、五年內完成民營化，可能拖延十年甚至二十年以上才能完成。在未民營化之前，政府應為民營化預作準備，積極推動「企業化」，讓各公營事業得以在移轉民營後快速適應新的經營型態，真正落實提高經營績效之民營化目標。

公營事業的宿疾，在於其經營效率低及特權經營行為，兩者又相互關聯。因為經營效率不彰，所以要特權地位保障其經營利益；而因為特權地位，又使之在經營上不思精進。而效率低落在於公營事業始終無法真正「企業化」，公營事業承受許多一般民營企業所無須承負的法令限制與政策負擔，使其無法在市場上與民營企業競爭，而必須依賴政府特權保護才能達成利潤目標，使公營事業不像是一個企業單位，而更像一個官僚機關，因此又造成更

多浪費和服務不佳的情形。

　　爲了解決目前亟待改進的公營事業經營效率，應有效減少公營事業經營限制，增加事業自主權，避免「球員兼裁判」，使其經營隨著經濟社會的整體發展而能調整其體質狀態，以趨向合理化。

七、應再修正《公營事業移轉民營條例》

　　推動公營事業民營化不僅能實現經濟自由化，也有助於改善目前公營事業體質，提高事業經營績效及整體經濟資源配置的長期效率。除此之外，也能擴大民間投資管道，藏富於民、籌措部分公共建設資金，減輕國庫對長期虧損之公營事業之負擔等。然而，《公營事業移轉民營條例》自1991年6月19日公布施行以來，民營化推動成績低落，至1994年6月底只有三家公營事業達成民營化。其原因除係其從業人員抗爭多方阻止民營化、事業提撥(列)員工退休基(準備)金嚴重不足、證券市場低迷、無專責機關及政府未積極推動外，現行條文內容存在與民營化宗旨不符問題，也是重要原因。爲落實貫徹執行民營化政策，現行條文亦必須修正，才能加速執行。

【決戰國會之三】

行動攻堅／主動立法

立法修正民營化之路

1993

立法修正民營化之路

　　1993年6月，我在立法院正式提案修正《公營事業移轉民營條例》，以展現貫徹民營化與實現經濟自由化目標之決心。[1]

　　我為什麼要提出「公營事業移轉民營條例修正草案」？說服的理由何在？我聯合立法院朝野37名立法委員提案針對：公營事業定義不夠明確、無專責機構存在利害衝突問題、民營化規定太消極、民營化方式侷限、未限制政府持股百分比等理由，對民營化的法定癥結提出修正。主要修正內容如下說明。

修正旨意

　　推動公營事業民營化是實現經濟自由化政策目標重要一環。透過公營事業民營化有益於提高事業經營績效，及

1　本部分係摘自我所主持之專題研究《透視民營化瓶頸》（財團法人新社會基金會研究叢書3，1994年7月）之附錄一：立法院有關民營化之附帶決議及注意辦理事項。
　　進一步比較完整的立法院審查國營事業預算（有關民營化）內容，請參見我對「解構國營事業」之預算審查意見。收錄於作者所著《吃定納稅人—有字天書把關難》（1992）及《人民的荷包—算帳與把關》（1995）兩書。（以上二書皆由財團法人新社會基金會出版）

整體經濟資源配置的長期效率，也能擴大民間投資管道，藏富於民、籌措公共建設資金，減輕國庫對公營事業虧損的負擔等。然而《公營事業移轉民營條例》自1991年6月19日經總統公布以來，民營化推動緩慢，至今尚無任何一家公營事業達成民營化。這除係股票市場低迷、政府未積極推動外，條文內容存在與民營化宗旨不符問題也是重要因素所在。為落實民營化政策，乃提出此修正案。

現行條文缺失及修正建議

現行條文對有關公營事業的定義、民營化定義、民營化的範圍對象、移轉方法等方面，均出現缺失，影響民營化的推動。茲將主要缺失及修正建議分述說明如下：

(一)公營事業定義不夠明確，修正涵蓋特種基金及財團法人轉投資之事業(修正第2條)

1. 特種基金包括營業基金、非營業循環基金等轉投資事業若持有股權超過百分之五十，為公營事業(如目前開發基金與多家國營事業持有中華票券股權超過50%)，應納入適用(修正第3款)。

2. 政府與公營事業為政策目的捐助成立許多非營利性之財團法人，但實際上許多財團法人卻轉投資從事營利事業。例如，工研院(基金100%政府捐助)轉投資創新工業技術移轉公司(持股10%)，基金及轉投資事業經營權完全掌握在政府手中，應納入適用(增訂第4款)。

(二)確立民營化的主管專責機構，並強化其權責(修正第3條，增訂第4條之1)

1. 現行的條文將民營化主管權責交付各事業之主管機關，由於公營事業範圍含蓋中央、省(市)、縣(市)且有部分事業係各級政府合資將造成各主管機關各行其事，規劃混亂，且由於交付主管機關負責，較容易產生推動緩慢，主管機關對民營化認識有限，以及民營化經驗不易傳承等流弊。此外，由事業主管機關或事業本身自擬移轉辦法，也容易發生執行中利害衝突的問題。

2. 仿先進國家以專責機構推動民營化的成功經驗，確立臺灣民營化之主管機關，以收事權統一規劃執行之效。行政院於1989年7月25日所成立之「公營事業民營化推動小組」，是一臨時性任務編組，主要偏重在民營化規劃及宣傳推動，並未賦予其執行民營化職權，也未具有執行民營化的法律地立。鑒於公營事業民營化絕非各單位以其本位主義執行即能成功，為傳承民營化經驗，以積極推動民營化，建議明訂經建會為民營化推動之主管專責機關。(修正第3條第1項)

3. 為與民營化主管機關區別，另定義事業主管機關。(增訂第3條第2項)

4. 增訂主管機關的職責，包括擬訂民營化推動方案，修訂或訂定民營化有關法令，擬訂民營化執行方案並監督執行成效。(增訂第4條之1第1項)

5. 增訂賦予主管機關進行事業重整權限，對營運艱困

事業進行財務或營運重整，有利民營化推動，避免因營運風險阻礙民營化移轉。(增訂第4條之1第2項)

6. 增訂賦予主管機關擬訂事業改制公司組織權限，透過修法等途徑，以便利事業移轉民營工作之進行。(增訂第4條之1第3項)

(三)公營事業是否移轉民營賦予太大行政裁量權，應修正為原則上民營，除非經行政院與立法院同意才可為公營(修正第四條)

1. 原條文賦予主管機關決定是否移轉民營之權限，並無強制性，以致移轉民營成效不彰。為落實民營化政策，應修改為除例外情況經行政院、立法院同意得為公營外，原則上均應為民營。(修正第4條第1項)

2. 在許多先進國家，國防設備生產事業事實上是以民間經營為主，因而能產生高度效率。但國防事業交由民間經營的前提是要有足夠有效的保密及合約規範。因此不能轉移民營應僅限於「直接涉及國防秘密，且經營管理具有不易分割性及無法以合約規範有效保密之事業」。藉從寬許可民間參與國防設備之生產及從嚴規範保密及合約條例，以達到一方面扶植民間產業，提升國防設備生產效率及國防工業，另一方面確保國防機密不至於經由民營事業而洩漏。

3. 獨占若因法律保障或不當排擠而形成，則應開放民營，以打破其獨占局面。只有規模報酬遞增之自然獨占，不易形成競爭環境，可維持公營。

4. 為避免該兩類例外情況濫用，訂定這些事業應由主管機關報請行政院核定，並經立法院同意，才可為公營。(增訂第4條第2項)

(四)確立民營化定義，避免政府仍握有49％股權。掌控絕對的經營決策權，無法達成民營化之實(修正第5條)

1953年《公營事業移轉民營條例》第4條規定公營事業出售官股得以全部一次或分期出售，但要「售完為止」。然而，新條例卻規定可將股權「全部或部份移轉」，且未規定公有股權最高上限。依國營事業管理委員會的政策宣示顯示，政府打算握有40％左右的股份。依此情形，民營化後政府仍是該「公營事業」最大股東，擁有絕對的經營操控權，根本無法達到民營化所要求之「減少政府介入，至少要放棄決策權」的基本原則，無法貫徹民營化目的。因此，為落實民營化目的，應限制政府持股百分比，在第1項最後增列「惟部分移轉完成後，公有資本額不得超過百分之五」(修正第5條第1項)給予事業較大的民營空間，以追求效率提高。並為使第1項所指語意明確，在「全部或部分移轉」前加上「所有權三字」，以與經營權出售等相區別。

(五)民營化之移轉方式，不應以出售公營事業股產為限，另有出售經營權、出租資產或經營權方式(修正第5條)

1. 民營化方式除出售股權、出售資產移轉所有權方式外，可比照國外先例，以「出售經營權」方式移轉，這種方式可適用於擁有大量土地的事業，以民營而非民有方式提高經營效率。另外，亦可採用「出租資產或經營權」方式，通常這種情形適用於所需固定資產龐大，民間不易進入的產業，如港口。增列第2項第3款「出售經營權」，第4款「出租資產或經營權」。(增訂第5條第2項第3款及第4款)

2. 為免分次移轉延宕民營化的推動，增列第3項「前項分次移轉應由主管機關訂定計畫按規定時序執行」。(增訂第5條第3項)

(六)移轉民營之對象，應遁公開的市場途涇覓得，儘量減少私下協議，以杜絕流弊(修正第5條)

審查會通過條文第5條第3項授權主管機關對股權或資產讓售得報請行政院核准，「與特定對象以協議方式為之」。這種私下協議方式，可能因授權過大滋生流弊，形成圖利特定對象問題，有必要予以限制規範。將第3項修改為第4項，內容修訂為「移轉以公開標售、公開市場承銷為原則，如有必須與特定對象議價方能完成民營化之情形,主管機關得報請行政院核准並經立法院同意，與該特定對象以議價方式為之」。(修正第5條第3項內容，並更改項次為第4項)

(七)評價工作應審慎，借重專業機構知識，不宜任由形式開會決定(修正第7條)

評價工作涉及高度專業知識，並非一般結合產、官、學界組織評價委員會，以開會的方式即可進行，為避免評價委員會流於形式之弊端，應借重專業機構之知識。

修訂第7條內容為「依第5條規定移轉民營時，應由主管機關會同事業主管機關組織評價委員會，延請專業機構進行評價調查，評定其價格。」

(八)分次移轉時，應說明員工權益之執行計畫(修正第8條)

為使公營事業利移轉民營，增列第7項分次移轉時，應詳載各項移轉時員工資遣、退休、養老與老年給付之執行時間。

(九)公營事業民營化支出，應以移轉民營所得資金支應(增列第11條第2項)

除員工權益補償以專案預算支應外，其他民營化，應由移轉民營所得資金支應，俾保持行政部門的彈性，以利民營化進行。增列第11條第2項「公營事業移轉民營所產生之其他各項支出，應由所得資金支付」。

【實踐理想】

邁向執政之路

在民主社會，建黨的主要目的在爭取執政，以實現政治之理想目標，廣造福祉予民眾。民主進步黨創黨於戒嚴時期，秉持臺灣人建國理念，在民主大道上一步一步邁向執政之路，矢志改善民眾生活福祉，帶給國人愈來愈多的信心，民進黨已經準備執政。

◆主題◆

構建民進黨財經政策理念與方向

時間：1993年12月18日

地點：臺北‧金融投資家聯誼會

主辦：財訊文化 / 金融投資家

【實踐理想】

金融投資家聯誼會 / 邁向執政之路

構建民主進步黨
財經政策理念與方向

1993

構建民進黨財經政策理念與方向[1]

壹、總體經濟發展政策

一、目標

1. 經濟自由化、國際化。
2. 保障經濟社會公平權。
3. 建立經濟發展的永續生存環境。
4. 全國均衡發展、資源永續利用。

二、問題

(一)經濟管制氾濫影響經濟體制公平發展

理論上，經濟管制只應限制於自然獨占事業、公共財、外部性與市場訊息不佳時之「市場失靈」狀況。但是，臺灣的經濟卻充斥許多不必要及不合理的管制。

---

1 本文係作者於1993年12月18日（星期六）下午3：20－6：00，接受財訊文化事業邀請，對其〈金融投資家聯誼會〉80位成員，就當時「縣市長選舉結束，民進黨得票率提高，邁向執政之路又往前跨進一大步，在面對臺灣產業結構大轉彎，電子、資訊業替代傳統紡織…，產業景氣迥異下，民進黨能否

不當的經濟管制造成以下後遺症：

1. 經濟管制創造特權，成為政治籌碼，進行政治分贓，造就金權政治。

2. 經濟管制使得人人自危，政府可選擇性利用「查核」權屬行政治控制或迫害。

3. 管制創造了「經濟租」[2]，促使人民進行不具生產性的競租活動，進而影響整體經濟效率及福利。

4. 不當的管制給予執法者很大的權力，造就行賄收賄分贓風氣。

5. 經濟管制過嚴，影響人民租稅遵循意願。

6. 經濟管制氾濫之下，黑社會可利用告發作威脅，向商家索求保護金，影響社會治安。

鞭辟入裡，提出一套有別於執政黨的財經政策？又面對1994年，民進黨的財經政策將致力於什麼？」故訂題目：「邁向執政之路--1994民進黨財經政策總探索」，「希能邀請到社」演講之綱要內容。當時，參與演講尚有行政院經建會副主委薛琦。主持人是財訊文化事業社長孫文雄，及副社長唐起麟、謝金河。

我修正講題為：「邁向執政之路──構建民進黨財經政策理念與方向」。

由於我是創黨之共同發起人，也是民進黨立院黨團成員，在黨制仍未完備初期，當然有義務為黨賣力宣達理念，因此接受邀請。雖則題目涉及整個黨的發展，但當時我仍勉力構建。如今，我終於留下這龐大的歷史工程紀錄，全文並未對外發表，特予保留原貌，提供給後來研究者評論。這也是我的榮幸。由【經濟導航】本部分之註解說明，經對照本文所反映過去之見解與日後情勢發展之情況，顯示當時我所構建之政策目標係大致獲得認同；而時間至今雖經過近二十年，其中，尚有許多檢討與主張到今天仍是朝野應該努力的目標。

2 經濟租指生產要素實際所獲得的報酬超過移轉賺額的部分。而所謂移轉賺額，則係指為誘使生產要素繼續留用以發揮生產貢獻，以免其移轉他用所給予的最低報酬（機會成本）。

(二)公營事業民營化速度緩慢

公營事業民營化已談了近二十年，但至今仍未看到令人滿意的成果。執政者早期的理由是這些事業攸關國民生計，不能開放民營；晚期的理由是沒有法律依據；現在的理由則是股市低迷不宜出售官股。

1990年，行政院列出第一波21家公營事業推動民營化的名單，1991年立法院通過《公營事業移轉民營條例》，然而至今尚無任何一家公營事業官股比例低於50％，真正達成移轉民營的目標。官股釋出緩慢，除係受股票市場低迷承銷失利因素影響外，主要原因在於政府政策並不積極。

我曾多次要求財政部對所屬事業民營化提出具體時間表，但財政部仍舊一貫以推託態度應付。立法院在1993年3月22日審查我所提「公營銀行法草案」時決議「財政部及所屬並經行政院公布之第一波民營化事業，應於一年內完成民營化，其餘可民營化之事業應於三年內完成。」惟財政部執行成效仍待觀察。

以1994年度預算觀察，至1994年6月底，預計有中鋼、臺機、中工、中化及中產官股得降低到50％以下水準。然而，其餘官股比率仍相當高，民營化的腳步仍然太慢，且幅度範圍也過小。

(三)黨營事業特權充斥

中國國民黨在臺灣四十年來的長期執政，發展出極大

規模的公營、隱藏性公營(營業的財團法人及轉投資事業)及黨營事業。連同行政及軍事部門，使政府直接可控制的經濟資源達到國民生產毛額的三分之一，是世界上非共產國家中絕無僅有的。

中國國民黨經營事業之領域囊括了所有食、衣、住、行、育、樂行業，締造了全臺灣、全世界最大的「政黨財團王國」。中國國民黨擁有公開發行公司股權超過450億元，黨營事業資產規模數千億元。

中國國民黨黨營事業專門享受承做政府部門特權生意、享受產業獨占、寡占特權，與公營事業合資利益輸送特權，及違法免受處分特權。

由於中國國民黨長期壟斷政權，製造黨政不分，負責監督行政系統的最高民意機關與審計單位，又完全受制於中國國民黨，使公營、黨營事業實值上都是中國國民黨黨營事業。

政黨擁有龐大財富與經濟控制力，極易造成黨國不分與利害衝突，執政黨以公共政策為黨謀利之工具等問題，無法發揮政黨應有的政治理想，而且，黨員交相爭利，亦將招引圖謀財富而貌似「忠黨」的不肖黨員。最後，透過經濟力與政治力的的相互為用，在經濟上繼續製造特權、浪費與不公，在政治上則敗壞選風，陷入金權政治深淵。只要黨營事業存在，則開放、政策中立、民營化等，都將如緣木求魚之不可得。

(四)財富與所得分配惡化

　　依照行政院主計處1993年9月出版之「臺灣地區個人所得分配調查報告」，1992年臺灣地區以家庭可支配所得按戶數五等分位組觀察，最高所得組家庭(20%)享有全國38.7%所得，而最低所得組家庭享有全國7.4%所得，高低所得差距5.24倍。

表1　臺灣個人可支配所得—按戶數五等分位組之分配及吉尼係數

年別	最高所得組為最低所得組倍數	吉尼係數[3]
1988	4.85	0.303
1989	4.94	0.303
1990	5.18	0.312
1991	4.97	0.308
1992	5.24	0.312

　　財富分配也相當不平均：依據第一次國富調查，1988年底臺灣地區全體國民擁有的財富調查顯示，最高第五分位組家庭財富對最低第一分位組家庭財富倍數是6.87倍，遠高於同期所得差距(4.85倍)。尤其這項調查之財富資料尚不包括土地，因此若再考慮土地，這項差距將更形提高。

　　所得、財富分配惡化的原因在於稅制不公平、逃漏

3　吉尼指數（Gini coefficient）是二十世紀初義大利學者吉尼（Corrado Gini），根據勞倫斯曲線所定義的判斷所得分配平均程度的指標。通常吉尼係數是介於0與1之間，係數愈接近0表示分配愈平均，愈接近1表示分配愈不平均。

稅嚴重、土地政策缺失重重、金權及特權氾濫、政風敗壞，加上社會福利制度落後，未能擔負起救濟彌補的功能。

(五)城鄉發展差距擴大

依據「1988年臺灣地區國富調查報告」指出：全國可再生有形資產毛額，如按地區別分，以北部地區占46.79％為最多，且較其人口所佔之比重41.89％，多4.90％；其資產所占比重為人口比重之111.69％，有形資產顯然較人口更集中於北部地區。區域(城鄉)發展之差距相當明顯。

表2　國民資產分布與人口分布之比較　　　　　　單位：%

臺灣地區	人口分配比	有形資產分配比
總　　計	100.00	100.00
北部地區	41.89	46.79
中部地區	25.21	22.44
南部地區	29.82	28.10
東部地區	3.08	2.67

城鄉發展差距擴大，除係地方經濟環境影響外，與政府政策及各項建設重北輕南、重西輕東、重都市輕鄉村有密切關係，由於中央集權、集錢，造成地方建設無法自主，人口、產業往都會區集中，鄉村建設及人口資源分配更加不均。

(六)生活品質日益低下

　　中國國民黨在臺灣四十年的長期執政期間，對臺灣生活品質主要以滿足物欲爲目標，而扭曲了社會價值；對環境只以取之不盡、用之不竭爲藉口，而破壞生態、污染了環境；對經濟只以GNP的成長爲發展的指標，而犧牲了人、文化、環境。

　　臺灣幅員狹小，精華農業區及大都會區集中在只佔其中26％左右的平原盆地區。長期的工業發展與缺乏有效管制，使臺灣的環境負荷躍居世界前矛，人口密度、機動車輛數、登記工廠數、飼養豬隻密度指標偏高；而若干公共工程，如污水下水道的普及率只有3％，與日本相差達14倍，與美國相差25倍。以下爲一些數字化的嚴重污染：

　　當前21條主要河川與26條次要河川中，有一半受到中度或嚴重污染，其中以工業廢水54％、家庭污水25％、畜牧廢水21％爲大宗。

　　家戶垃圾年達660萬噸，且每年以5％速率增加。事業廢棄物在1984年達3,000萬噸爲當時家戶垃圾的7倍，其中290萬噸更是有害事業廢棄物。

　　噪音陳情案件每年達萬餘件。

　　農地嚴重污染達四萬公頃。其中耕地有12.5％被高含量重金屬所污染。

　　上述所提，僅僅是冰山之一角。近幾年雖然環境保護的呼聲逐漸升高，重要性及急迫性也被認可，但其實還只是假像，因爲眞正大規模的環保工作尙未展開。

三、政策方向及主張

(一)解除管制，開創企業經營活動領域

1. 掃除不合理的經濟管制，包含對廠商設立與業務範圍之不當管制，以及國家和執政黨對資源的直接控制，以落實經濟自由化、國際化。

2. 積極參與國際組織，發展臺灣與亞太地區經貿往來及合作，並加強對歐洲共同體的整體研究與對策。落實自由化、國際化，使人員、貨物、資金及資訊能夠自由出入與取得，在高度自由開放的空間下，為國外廠商提供便利的服務。

(二)建立經濟社會的公平正義，防止財富分配惡化

1. 制定妥善的土地與房屋政策。
2. 掃除對金融市場的不當管制。
3. 維護社會交易之公平性，掃除自特權與違法活動中獲得暴利之行為。
4. 維護貨幣政策之穩定，防止金錢遊戲再現。
5. 重建資方與勞方之間的公平。

(三)重建地方與中央政府之間的公平

1. 樹立地方政府與中央政府之間位階之正確觀念，中央與地方是功能上的分工，而非地方是中央的下級

單位。

2. 落實地方自治。

3. 重新規劃財政收入與支出分配，增加地方財政自主權。

4. 健全補助款之分配。

(四)加速公營事業民營化

1. 公營事業必需在公開原則下真正的民營化。《公營事業移轉民營條例》若干不當條款應修改，以達到實際將經營權移轉民營之目的。[4]

2. 公營事業民營化，應訂定明確時間表確實執行，而且民營化程度應徹底。

3. 以公營事業轉投資的民營事業持股比率高達30％到49％之間，未達50％以上公營事業定義標準，這些事業均應透過各種方式徹底民營化。

(五)環境保護納入經濟發展的約制中

1. 建立環境污染指標，並規劃逐年降低污染量的長期標準。確實嚴格取締污染，達成執行績效。

2. 實施管制(立法制定排放標準、總量管制、環境品質管制、地方涵容能力管制)與經濟手段(發放許可證、收費、課稅、污染量交易、污染稅專款專用)的混合措施，訂定考核目

4　於演講當時，本人等37名立委即於半年前提出條例修正案。參見本書【揮師進擊】決戰國會：解除控制經濟的根源之3／立法修正民營化之路。

標。

3. 建立完整環保法令與政策綱目，並執行之，以促使民間環保團體跟進以專業檢驗與法律訴訟為主的常規作法。

4. 臺灣應仿效OECD及歐市國家的作法，將環保與生態保育列為最優先的政治考量之一，以期在十年內清除長期總量污染並揭櫫富有未來性的國家環保與生態保育目標，訂定分年實施時間表完成之。

5. 民間環保運動乃是近十年來推動環保落實的最重要監督力量，應被統合在正規的環保體系內繼續發揮功能。

貳、財政租稅政策

一、目標

1. 健全政府財政，有效控制公債及賒借依賴度。
2. 貫徹受益者、污染者付費原則，增加財政收入。
3. 促進中央與地方財政均衡發展。
4. 有效規劃運用國有財產。
5. 建立公平合理的賦稅制度。

二、問題

(一)財政赤字龐大，面臨財政破產危機

1. 財政赤字大幅擴大

1994年度中央政府財政赤字預算高達2,485億2,700萬元，佔歲入預算的比重高達22.5％。與世界先進國家相比，臺灣財政赤字融資比重遠高於歐美各國。未來財政赤字已無歲計賸餘可用，唯有仰賴公債發行，當世界各國正為財政赤字而憂心之際，臺灣竟反其道而行，使財政大為惡化。

尤其，臺灣在短短四年間由338億元賸餘轉為2,485億元赤字，公債的累積太快，對財政惡化衝擊更快。[5]

2. 公債危機

公債依存度高於世界各國：中央政府1994年預算以公債融通方式高達3,276億元，公債依存度高達25.6％，觀之日本僅7.6％，法國5.5％，就連深受赤字之苦的美國亦只有22.6％。

公債發行鉅額成長：公債餘額累積若考慮時間因素，臺灣應為世界第一。而臺灣近四年公債年成長率高達35～131％，實為國際間罕見。沈重的債務負擔在地方財政困窘下，必由中央政府負擔，最後必訴諸增稅來解決。

過去幾年發行之公債將於1996～1998年開始還本，龐

5　財政危機問題直到今天仍未見舒緩，政府債務赤字惡化已見加倍，以最近2012年中央政府總預算為例，歲出歲入差短2,095億元，連同債務還本940億元，合計需要融資調度3,035億元。歲出歲入差短及融資數較上年分別增加669億與949億元，可見政府財政赤字仍在擴增，只能舉新債還舊債，而且每年新增舉債規模均遠高於債務還本，2012年全民要負擔1,301億元利息，這是國家資源的浪費與誤置。2012年中央政府累積未償債務餘額5兆1,377億元，增加2,163億元，未償債務仍在加速累積擴大。

大還本付息支出，再加上當年度財政赤字的公債需求，臺灣將是以債養債來度日。

3. 潛在負債天文數字 [6]

面對各級政府財政支出需求不斷擴增，重大建設預算追加不斷，貪污、舞弊、浪費層出不窮，在財源不足下，當然只有走上高負債一路。臺灣在二十一世紀邁向先進國家之林的支撐能力何在，令人質疑！擺在我們眼前的是各級政府累積未償還的債務餘額已高達二兆元以上，除此之外，勞保老年給付債務不足3,600億元，公保養老給付債務2,400億元分文未提撥，累積應提撥之軍公教人員退休撫卹金債務超過二兆元，非營業循環基金待填補之短絀超過一千億元，1994年底實施全民健保第一年經費至少一千億元，高鐵、二二八事件補償費、提撥軍公教退撫基金等支出1994年至少二千億元。政府開源無道、節流無方、浪費有餘加上政治人物不負責任勢將帶引臺灣走向財政破產的不歸路。

4. 重大建設弊端重重，預算不斷追加

(1)高鐵由3,500億→3,691億→4,266億：高鐵1990年3月運研所估計3,500億元，1年後，1991年4月高鐵籌備處估計3,691億元，再半年後，1991年10月高鐵籌備處又說要4,266億元，短短半年間，增加570

---

6 根據我以2009年底資料計算，包括中央政府未償債務餘額－普通基金等13項政府未償債務及潛藏債務，臺灣政府的總負債已高達21兆2,983億元。參見彭百顯：〈政府負債21兆 300年還不完 臺灣將破產？〉，《玉山周報》，60期，2010年8月5~11日。

億元。

(2)北二高由1,280億→1,629.65億→1,767.53億：北二高原規劃1,280億元，1991年12月13日行政院核定數1,629.65億元，1992年3月間又提出追加後預算為1,767.53億元，短短3個月間就增加137.88億元。

(3)第二高速公路4,455.13億→5,251.8億：二高1991年7月間規劃所需經費為4,455.13億元，至1991年12月，已升高至5,251.8億元，5個月間增加796.6億元。

(4)中山高速公路東湖五股段240億→485億：東湖五股段拓寬工程從240億提高至485億元。

(5)東西向快速道路1,168億→1,589億→1,985億：1991年5月原規劃預算為1,168億元，10月間提出之財務計畫為1,589億元，1992年5月估計預算為1,985億元，一年時間增加817億元。

(6)臺北市捷運由2,532億→3,917億→4,418億：1987年1月12日估計捷運經費為2,531.77億元(71.9公里)，7月5日提高為3,917.6億元(84公里)，1991年7月16日再提高為4,418.31億元。

(二)受益者、污染者付費原則被破壞

1. 汽燃費隨車徵收未能改隨油徵收，以落實污染者付費。
2. 道路、橋樑通行費紛紛取消。
3. 路邊停車佔用龐大道路，卻付出不相稱之停車費。

4. 產業製造污染不僅未課徵污染稅，反而享受促進產
業升級條例防治污染之投資抵減優惠。

5. 工程受益費不合理且未落實施行。

(三) 中央集錢、集權，地方政府財政困窘且貧富差距懸殊

1. 地方政府仰賴補助及協助收入

以1992年度決算而言，臺灣省21個縣市中，有14個縣
市補助及協助收入佔歲出的比重超過40％，由此可知地方
政府依賴中央補助之深與重。[7]

2. 地方自有財源不足，收入僵化

地方政府雖有獨立的稅源，但這些稅目多為彈性小、
稅源不多者，由於徵得數額有限，造成入不敷出。而且，
這些稅目免稅範圍、稅率、稅額均由中央立法決定，地方
幾乎不具有任何決定權。再者，憲法第107條、109條、
110條及財政收支劃分法第7條，雖明文規定省縣有稅課立
法權，但由於中央至今仍未制定稅法通則，故省縣對省縣
稅課並無立法權。這些限制造成地方收入僵化。

3. 基本人事、教育支出沈重

7　以各縣市補助及協助收入依存度觀察，2008年，計有宜蘭、苗栗、南投、雲
林、嘉義、臺南、屏東、臺東、花蓮、澎湖等十個縣，財政支出的50％以上
需靠中央補助，嘉義、屏東、臺東、花蓮、澎湖五縣依存度甚至超過60％。
凸顯地方財政普遍困窘，只能大肆仰賴補助維繫或靠舉債支撐。許多貧窮縣
連人事費支應都存在困境，遑論各項建設。參見彭百顯〈五都改制對財政收
支之衝擊與因應〉，《五都體制變革與臺灣發展》，《現代學術研究》，17
期，2010年11月，頁159-202。

表3　臺灣省各縣市補助收入依存度統計(1992年決算)

單位：千元；%

縣(市)別	歲出	補助及協助收入	%
總　計	232,380,469	96,829,136	41.7
臺北縣	33,827,474	10,277,239	30.4
宜蘭縣	6,653,636	3,414,087	51.3
桃園縣	16,532,969	5,570,670	33.7
新竹縣	6,280,650	3,301,157	52.6
苗栗縣	8,183,551	3,996,838	48.8
臺中縣	15,389,141	6,760,551	42.7
彰化縣	13,331,262	6,585,747	49.4
南投縣	9,084,479	4,740,159	52.2
雲林縣	10,721,238	5,708,392	53.2
嘉義縣	9,272,637	4,990,222	53.8
臺南縣	14,886,361	6,435,473	43.2
高雄縣	15,733,210	5,750,165	36.6
屏東縣	14,661,102	7,430,962	50.7
臺東縣	6,378,107	4,021,807	63.1
花蓮縣	6,723,513	3,342,688	49.7
澎湖縣	3,330,964	1,996,935	60.0
基隆市	6,743,790	4,102,854	60.8
新竹市	5,091,787	1,725,961	33.9
臺中市	14,253,736	3,167,759	22.2
嘉義市	3,394,647	740,165	21.8
臺南市	11,906,215	2,769,305	23.3

在支出方面，除龐大的人事費用負擔外，國民教育經費的龐大，也成為地方沈重的負擔，在收入普遍不足，且支出僵化下，根本沒有能力推動地方建設。結果收支當然無法平衡，只能靠補助收入挹注。然而，補助款欠缺制度化與合理化標準，往往在黑箱作業下，淪為中央控制地方的政治籌碼，選票高低、政治手腕反而成為重要決定因素，影響資源有效配置及行政效率。補助款制度不健全，形成「紅包」似的施捨文化。

(四)國有財產閒置，被借用、佔用情形嚴重，浪費國家有限資源

1. 公務用財產被侵佔：計有12個單位

目前，仍有國防部總務局、陸軍工兵署、海軍總司令部、空軍總司令部、聯勤總司令部、軍管區司令部兼海岸巡防司令部、法務部所屬監所作業基金、工業區開發管理基金會、民航事業作業基金等9個單位慷國庫之慨，任令土地被占用，未依法令規定辦理收回。這些單位對有關法令置若罔聞，有圖利特定佔用人之嫌。

另外，教育部、中興大學、中美經濟社會發展基金等三個單位，任令非現職人員佔住公家宿舍，而這部分還不包括現任高官佔用非屬該單位之房舍，以及卸任達官顯貴仍強佔省市公產不還等情形。例如大直官邸、士林官邸及難以計數的總統府資政、國策顧問等佔用臺灣省、臺北市政府公產等。

2. 國營事業用財產被侵佔、借用：至少850公頃

國營事業坐擁大片土地，但卻任其閒置不加利用，更惡劣的是任令公產被侵佔、借用圖利特定對象，由於被佔用之土地、宿舍面積甚鉅，嚴重影響公產收入與全民利益。光以被侵佔之土地而言，即有臺糖、中化、中油等土地被佔用，其中以大地主臺糖被侵佔最為嚴重。借用或佔用臺糖土地的特權包括學校、軍方、一般機關、個人、水利會等。國有財產局職司國有財產的管理，但卻縱容國產長年被佔用，顯然怠忽職守。

3. 國有非公用財產被侵佔：至少二、三千公頃

目前國有非公用財產計有5,852億6,767萬元，占國有財產總值23.32%，其中99.5%為土地資產，由此可看出國庫所擁有的非公用土地資產相當豐富，其若出售或有效出租利用，對國庫收益甚大。然而，事實上高達5,820億元國有非公用土地卻是用於圖利特權，製造利益輸送。

以利用程度觀察，就國有財產局1990年所提供資料而言，在國有財產局直接管理及委託管理的20萬2,349公頃土地中，出租者僅5萬1,740公頃，佔四分之一，由此可以想見其餘四分之三的土地不是被佔用、借用，就是任其閒置荒廢。

(五)稅基侵蝕嚴重，租稅負擔不公平

1. 免稅及逃漏所得高達一半

綜合所得稅中，申報綜合所得毛額為個人所得(國民所得統計)的53.0%。換言之，個人所得中有47%並未申報，其中4.4%是綜合所得淨額低於零以下之免申報所得；5.1

％是自用住宅設算所得(計入個人所得中，但未課稅)；16.9％是免稅所得；20.6％是逃漏所得。歷年來免稅與逃漏所得均在40％上下，若再加計儲蓄投資特別扣除額及免稅之證券交易所得，則免稅、未稅與逃漏所得更高達50％左右。

2. 少數人負擔了絕大部分稅捐

綜合所得稅稅收雖然僅佔總賦稅收入的11.4％，較先進國家個人所得稅30％的比重為低。但並不表示所得稅負擔很輕。因為：

(1)稅基侵蝕嚴重，稅負集中於少數誠實申報的納稅者身上。

(2)綜合所得中，薪資所得佔76％左右，薪資所得者負擔了全部綜合所得稅的60～70％。

(3)薪資所得涓滴不漏且集中於中低所得階層，營利所得、財產所得不是享有免稅優惠就是易於逃漏，且集中於高所得階層，造成稅負分配不公平的現象。

3. 租稅優惠獨厚高所得者[8]

目前財產交易所得只課房屋交易所得，而對黃金交易所得、買賣外幣匯兌收益、高爾夫球證買賣所得等卻不加

---

8 以資本利得觀察，至2012年臺灣對證券交易所得、期貨交易所得均無須繳稅，土地交易所得稅亦因實施土地增值稅免稅，這樣的稅制顯示對資本利得異常優厚。但土地增值稅卻按照偏低的公告現值計算，且以公告現值成長的倍數來累進稅制，結果便宜的土地上漲倍數高，高價的土地上漲倍數反而低，如此無異鼓勵短線投機移轉，懲罰土地的長期持有。如此稅法不公義，更凸顯臺灣稅制懲罰勤勞所得，優遇資本所得。

聞問，土地交易所得雖以課徵土地增值稅而免稅，但土地增值稅課稅基礎遠低於市價，也造成諸多不公平。高所得者的免稅額與寬減額享受實質優惠較低所得者爲高，是以免稅額與寬減額應隨所得增加而遞減。

三、政策方向與主張

(一)有效控制財政赤字，避免財政僵化[9]

1. 賒借收入應納入公債發行條例中規範。
2. 制定公債及賒借依存度上限爲20%。
3. 自償性公債及賒借未償餘額應以30%爲上限，非自償性公債及賒借未償餘額應以50%爲上限。

(二)有效節流，扼止資源浪費

1. 檢討政府組織架構，廢省，提升行政效率。
2. 裁撤冗贅機關、黑機關，裁汰冗員。
3. 扼止不當的資源浪費，如裁併無效益之非營業循環基金、特種基金，刪除不合法、不合理之優惠存款補助、對中國國民黨黨營事業團體之補助。

9　我曾經爲了行政院無法健全理財違法而提出大法官釋憲，也因此開創了憲政史上頭一遭「中華民國憲法法庭」第一次開庭紀錄（1993.12.23），與行政院在法庭打官司，首開在憲法法庭進行言詞辯論。結果大法官會議於1994年1月14日做出釋字第334號解釋。因而，更在我於1994年12月7日率先提案制定《公共債務法》之後，迫使行政院送出《公共債務法》草案由立法院於1995年1月11日開始併案審查；最後，在中國國民黨多數之下，捨本人之案而強行通過行政院版本，開啓了《公共債務法》規範管理國家總債務之時代。

(三)修改《財政收支劃分法》，提高地方財政自主權

1. 所得稅源為國稅，分成對增加地方稅收幫助甚大，但由於地方經濟發展甚為懸殊，因此應分成一成給縣市，分二成予省由省統籌分配，這對各縣市財政困窘之補助實有助益，且避免地方貧富懸殊擴大。

2. 貨物稅為國稅，但由於稅源過度集中部分縣市，因此分成予縣市對財政自主性幫助不大，應調整撥付一成予省，由省作統籌分配款，支援財政困難縣市。

3. 儘速制定地方稅法通則，使地方有稅課立法權，因應各地環境，課求適當財源。

4. 義務教育經費應調整由中央負擔。

(四)建立公平合理的租稅制度[10]

1. 消除不合理的免稅特權，《所得稅法》第4條中不合理之租稅優惠均應刪除。

2. 掌握財產所得、資本所得，如恢復課徵證所稅、充分掌握各項財產交易所得、改革土增稅為土地交易所得稅，排除不必要之投資租稅優惠。

---

10 迄今，財稅不正義亦未見稅改而改善，參見彭百顯：（一）〈公義稅制改革無法寄望政府〉，《玉山周報》，81期，2010年12月29日~2011年1月4日；（二）〈稅制不正義 惡化財富分配〉，《玉山周報》，83期，2011年1月12日~18日。

3. 強化稅務行政機能，查緝逃漏稅及地下經濟活動，擴大可稅能量。

4. 以租稅大赦，促成企業帳冊眞實化及稅制正常化。

5. 開徵污染稅回饋社會。

6. 調整各項規費稅捐，以達成使用者、受益者、污染者付費原則。

(五)開闢其他財源

1. 以出售公營事業股權增加公共建設財源。

2. 提高公營事業經營績效，以提升繳庫盈餘。

3. 以出售或出租重大建設、公營事業經營權方式，賺取財源。

4. 收回被侵佔、借用之公有財產，規劃利用閒置財產，以合理租金爲國庫增加財產收入。

參、貨幣金融政策

一、目標

1. 貨幣政策執行獨立超然，不受行政、立法部門及黨派干預。

2. 維持物價穩定及金融安定。

3. 尊重外匯市場機能。

4. 健全金融管理法令，維護金融紀律及秩序。

5. 推動金融自由化及國際化。

6. 擴大金融市場規模，提升交易效率。

二、 問題

(一)央行組織定位與決策模式存在缺失[11]

1. 央行隸屬行政院，備受政治干預。
2. 央行目標角色模糊。
3. 理事不理事，決策品質堪憂。
4. 央行定位為事業機構不當。

(二)法律規定與制度發展矛盾

　　《銀行法》的特色是將銀行分類為商業銀行、儲蓄銀行、專業銀行和信託投資公司，基本上是採行專業及分業制度。但是，政策執行的結果是，准許商業銀行辦理中長期放款，又准許其設立儲蓄部、信託部，商業銀行成為集長短期金融、信託的金融機構。而在專業銀行方面，也准許其收受支票存款、活期存款並辦理外匯業務，所謂「專業」角色大為降低。這些現象已使得銀行法規定徒為具文，金融制度方向混沌不明。[12]

---

11 1993年10月26日我提出《中央銀行法》修正草案，目的在重建央行體制，立法修正草案內容及說明，請參見彭百顯《金融的天地：保守與改造》，【邁向新世紀系列5】，1995，財團法人新社會基金會，頁36-80。直到目前，該法之修正目標並未通過。《中央銀行法》於1979年修正施行後迄今三十餘年，雖經1997.5.21、2002.6.5及2011.4.27三次修法，但隸屬行政院的體制缺失仍未調整。

12 迄至《銀行法》修正案於2000年11月1日公布施行，修法擴大商業銀行業務

(三) 業務管制阻礙金融創新

　　目前銀行法對銀行所得以經營之業務是採取正面列舉及核准方式，非核准之項目均不得經營，造成行政裁量權過大以及阻礙金融創新的腳步。主管當局常以人員不足理由，對無力管轄之業務採行禁止承作之方式，例如嚴格管制外銀開辦私人銀行業務。這些心態加上法令規章不能隨時代增修，嚴重影響金融創新的推動。

(四) 自由化的腳步緩慢未能落實

　　目前，法律雖已完全解除對利率的管制，然而，央行仍以「關心」市場利率走勢的方式來「道德勸說」或「道德暗示」主要行庫，造成行庫利率的調整無法真正按照市場之資金動態，反而呈現高度僵固性。這種情況在資金緊俏時特別顯著。再者，公營銀行民營化的政策宣示已超過十年，就是從1989年規劃公營銀行民營化至今也已四年，然而，至今仍無一家公營行庫真正民營化，口號與實際行動的巨大落差，充分凸顯了民營化與自由化政策牛步化。[13]

　　範圍：銀行百貨化。這是1975年以來第一次對銀行法架構做較完整之調整，異動幅度相當大，包括刪除整個「儲蓄銀行」章將其自銀行種類中刪除；同時，修正擴大商業銀行業務範圍，將原來「儲蓄銀行」章之內容併入「商業銀行」章；並明定銀行經營信託或證券業務，毋須另設專門部門，僅需由總分支機構獨立設帳管理。

13 迄至二十世紀末期，才見公營銀行民營化之動作：彰化銀行、第一銀行、華南銀行、台灣中小企銀於1998年1月民營；中國農民銀行、高雄銀行、交通銀

(五)金融監理能力低落的危機

金融自由化與國際化帶來效率的提升，但也使金融業風險提高，因此維護金融秩序、健全金融機構經營、及防止利益衝突弊端，為金融監理當局職責。然而，目前臺灣金融監理體制問題重重，金融法規落後、消費者信用權益未能確保，且銀行不僅介入證券業務經營，又開放兼營票券業務，主管當局又計劃開放兼營期貨業務。其間不僅未設有效的防火牆，以防止利益衝突，而且未曾考慮專業票券金融公司生存危機與何去何從，央行與財政部歧見頻生。此外，基層金融機構及金融周邊機構如儲蓄互助社、分期付款公司的定位及制度改進等，亦無任何規劃方案，這些問題凸顯政策的粗糙與盲然無序。

三、政策方向及主張

(一)重建央行體制[14]

1. 調整中央銀行位階，由總統府設置之。
2. 理事會定位為合議制，確保決策品質。

行於1999年9月民營（2006年8月交通銀行與中國國際商業銀行合併，並更名為兆豐國際商業銀行）；臺北銀行於1999年11月民營；合作金庫銀行於2005年4月民營（2006年5月合併中國農民銀行）。目前，政府官股100％銀行尚有：臺灣銀行（2007年7月合併中央信託局）、土地銀行、中國輸出入銀行。

14 我等立委雖於1993年分別提出多個版本提案修正《中央銀行法》，將中央銀行之隸屬改置於總統府，但迄今該修正意見仍待繼續努力。

3. 強化理事會組成結構，建立專業超然形象，包括理
   事資格應強調：專職性、專業性、反映各階層利益
   平衡、超越黨派利益、防範與金融業利益輸送。
4. 建立諮詢機構。
5. 金融檢查、外匯運用應受監督。
6. 操作訊息透明化，但決策內容應保密。

(二)公營金融機構民營化

1. 公營金融機構缺乏經營自主性，應速改革[15]

公營金融機構均比照適用行政機關預算、決算、會
計、審計、人事與組織等法令規定，在層層限制下，喪失
經營自主權，舉凡組織型態、人力資源運用、採購、經營
業務、自有資本均受層層束縛，無法因應經濟環境的變遷
而調整。因而績效不彰，呆帳、超貸頻傳，浪費國家有限
的資源，在民營銀行開放設立後，已使其面臨生存競爭壓
力。

行政院經建會雖早在1989年即成立「公營事業民營化
推動小組」，但在未充分法令授權及政府政策推動緩慢
下，功能不彰，無法發揮統籌效用。

2. 規劃民營化的範圍與方法

---

15 本人於1991年7月聯合47名立委提出《公營銀行法草案》，期在民營化之前
能夠解決此類公營銀行之問題。本草案主要內容在排除公營銀行所受有關人
事、預算、決算、審計、待遇、呆帳、轉銷等法令規章之束縛，給予自主經
營權，排除不當干預，並注入民營企業經營管理精神，以健全其經營管理，
為民營化鋪路。

目前公營金融機構計有：23家，在這23家中，中央銀行負有穩定金融、執行貨幣政策的任務，輸出入銀行提供輸出入信用融資保證保險功能，勞保局提供勞保功能(在全民健保法實施後應歸併中央保險局)，中央存款保險公司負責存款保險保障，除這四家不宜移轉為民營外，其餘19家其性質與民營金融機構無異，沒有必要維持公營。

這些金融機構應速訂定時間表，分階段移轉民營。目前當務之急，是明訂推動民營化的統籌機關，集中事權、解決紛爭，加速民營化腳步。在釋股方面，鼓勵長期持有及由勞工退休基金參與投資，限制優惠認購股票移轉時間、以股代金支付部分民營化支出等，以減少對資本市場之衝擊。

(三)確立銀行業務經營型態[16]

目前銀行制度除了專業、商業混雜，長短期金融難分之外，銀行又介入證券、票券、保險業務，在無有效的防火牆下，造成經營風險提高及利益衝突的問題。

1. 建立單一體制普通銀行[17]

目前商業銀行、儲蓄銀行、專業銀行區分並無太大實質意義，宜改名為普通銀行，亦即打破長短期金融區分及排除專業分業之區分，普通銀行均可從事長短期金融業

---

16 有關臺灣的銀行業務經營型態的檢討與未來發展，參見彭百顯〈銀行綜合經營可行性研究〉，第一屆兩岸金融學術研討會論文主題10，臺北金融發展基金會、中華經濟研究院主辦，1994年5月。

17 同註12。

務、外匯業務，並可發行金融債券。

2. 信託投資公司應改制

信託投資公司經營問題重重，不僅信託法令未完備、信託機構兼投資機構不當易產生信託資金流用利益衝突等問題，且世界各國信託業專業經營也相當少。再加上業務經營限制僵化、資金成本較高等因素，造成金融管理上的問題。因此，信託投資公司改制為普通銀行或專業信託公司是未來應走的方向。[18]

3.建立以子公司型態擴充經營領域的制度[19]

綜合銀行制度為未來世界潮流趨勢，然而，採行歐市直接兼營模式，如何維持銀行經營健全性及防止利益衝突，所存在的問題仍然相當多，在臺灣金融監理制度相對落後的情況下，實不宜採行這種方式。

為防範利益衝突，防止金融業務綜合經營所衍生的弊病，以行業別子公司來擴充金融業務是較佳的方式。亦即銀行要介入證券業務，應成立證券子公司；要介入信託業務，應成立信託子公司；要辦理票券業務，應成立票券子公司；要辦理期貨業務，應成立期貨子公司。而且，母子公司之間財務及內部交易應嚴密規範、禁止董監事及職員

---

18 1991年12月16日，政府發布「信託投資公司申請改制為商業銀行審核要點」，准許信託投資公司改制為商業銀行。從1998年11月至2007年12月，計有四家信託投資公司改制為商業銀行。

19 《金融控股公司法》於2001年7月9日公布，11月1日施行。《金融控股公司法》是重整金融體質的重要法案，舊有體制因銀行、證券及保險業各自受限其法令只能分開經營；但金控法即在開放金融相關機構整合，讓金融業跨業經營，鼓勵金融機構轉型為金融控股公司。

兼任、禁止商品搭配銷售，以嚴密的防火牆防止利益輸送及利益衝突。

當然，為使信託業務推動，信託法應立法實施，信託業法也應立法實施。目前銀行兼營證券、票券、信託業務應速調整，以建立規範準則。至於保險業務，因牽涉保險資金投資風險問題，銀行不宜介入經營，除目前兼營保險經紀人業務外，不應准許銀行直接兼營或以子公司型態辦理簽發保險單業務。

(四)銀行業務負面表列，鼓勵金融創新

現行銀行法對銀行准許經營業務項目，採取逐項列舉之規定，只有這些項目及經中央主管機關核准辦理之業務得以經營，這種限制方式實難合乎時代需求。目前新種金融服務均需逐項申請，再經層層審核，不僅浪費時間且增加金融行政成本。無法因應銀行提供多元化服務滿足顧客需要之彈性需求。

負面列舉是從防弊角度出發，對日新月異的金融創新活動不會產生壓抑效果，對金融服務多元化有正面貢獻，也有助於金融自由化及金融創新政策落實。

(五)確定票券金融公司地位[20]

票券業原為專業金融公司，但在財政部為因應歐市統合互惠主義而開放銀行兼營票券業務後，已使得票券金融公司定位不明，何去何從面臨挑戰。為此財政部主張消滅專業票券公司合併為銀行與央行主張維持的觀點互唱擂

臺。本人以為目前專業票券金融公司仍有存在價值，不宜以人為方式予以消滅。銀行經營票券業務，應成立子公司獨立經營，至於現有之三家票券金融公司是否獨立生存或由銀行購併，應由其自主決定。但當前貨幣市場並無法律可資遵循，「短期票券交易商管理規則」僅係行政命令，且未明訂工具之意義、交易方式以及各關係人之權益內容。為確保貨幣市場之健全發展，應訂定基本法律——短期票券交易法。

除此之外，應准許票券金融公司得居間經紀外匯金融資產，使貨幣市場交易工具包含國內外金融商品。另准許票券金融公司轉投資信用評等機構、財務諮詢機構等金融服務業，以擴大其活動空間。

(六)儲蓄互助社、分期付款公司應納入金融規範

財金主管機關對於儲蓄互助社問題之處理，自1968年函佈姑准試辦迄今也已過了25年，但至今其仍無法律基礎，亟待及早立法，納入金融規範，以利金融制度的正常

---

20 1993年10月，財政部依據銀行法第47條之1之規定，訂定「票券商業務管理辦法」，廢止1975年12月發佈之「短期票券交易商管理規則」。該辦法於函送立法院備查時，立法院要求重訂，乃於1994年8月24日修正公佈「票券商管理辦法」，制定票券商設立條款，允許新票券金融公司設立。從1995年6月起至1998年8月，核准13家票券金融公司新設。1995年12月31日修正「票券商管理辦法」，允許票券商擴大營業項目及轉投資。至此，以票券公司「專營」及銀行「兼營」方式，貨幣市場進入百家爭鳴的戰國時代。2001年7月9日，《票券金融管理法》公布施行。貨幣市場法令規範的法律位階由原來《銀行法》的行政命令，提昇至專業立法。從此，票券金融公司有更週延的法律規範。

運作。[21] 此外，分期付款公司也應納入金融規範，以保障消費者權益。[22]

(七)健全金融法令，補強監督管理權責

1. 健全金融監理法律

金融法令規章的龐散多頭，及法令朝令夕改，嚴重影響監理效能，為貫徹金融紀律化，應優先健全金融監理法制，以避免因主管機關更易致令政策搖擺。目前應優先進行下列法律之增修：

(1)銀行法：應全盤翻修，確立銀行制度方向及業務範圍。

(2)信託投資公司管理規則：配合信託公司改制及定位廢除該管理規則，並以信託法、信託業法規範信託業務。

(3)儲蓄互助社法：應速立法通過。

(4)短期票券交易商管理規則：應以制定短期票券交易法替代。

---

21 臺灣儲蓄互助社運動於1968年經財政部同意試辦，但並無法律地位，在我強力協助運作下，終於1997年5月6日完成《儲蓄互助社法》之立法。該法復於2000年1月13日修正，增列內政部為中央主管機關；2002年2月6日修正，明定「儲蓄互助社為法人」。

22 有關分期付款公司，目前證照係由經濟部核發，不受《銀行法》之規範。為將該類融資公司納入管理，政府研議制定《融資公司法》已二十餘年，竟為了主管機關究竟是財政部或經濟部一直爭議未決，甚至一度出現了交由縣市政府負責設立許可與監督的主張。立法草案始終在經濟部、經建會、行政院間來回，並未邁出行政院大門，延宕了對地下金融秩序納管的時間。

(5)證券金融事業管理規則：專為一家獨佔事業而訂定之法令，應予廢除。證券商即可辦理證券融資融券業務，融資融券的再融通角色，銀行也可辦理。

2. 高風險業務及關係企業往來交易應嚴謹規範

銀行法對於高風險性投資及放款，並未有明確的限制項目、範圍或成數規定。例如：對商業銀行從事不動產放款、投資公司債、金融債券等並無限制，也未制定各種放款(如住宅放款、商業不動產、未開發土地)的最高成數比率，實有待明確規範，以避免風險性投資或放款危害機構的業務運作健全性。

(八)金融檢查監督分離、事權分散應速統合

目前負責檢查工作的機關有央行、財政部、合庫、存保公司，至於監理內容規定則散見於銀行法、相關行政命令及內部作業要點。由於觀點標准不一，已影響金融檢查品質。且央行、合庫及存保公司雖有檢查權，但因不是主管機關並無行政處分權，因此只能將檢查結果送財政部處理，無法對金融機構違規或違法行為進行迅速有效處理，造成時間延宕疏失，由此可見，現行制度存在檢查與監督分離、事權分散的問題，應速整合由財政部負責檢查權責。

(九)制定「金融機構合併改制法」[23]

---

23 民進黨執政之後半年，《金融機構合併法》即於2000年12月13日公布施行，主要目的在提供合併之金融機構簡化的行政手續及優惠的租稅待遇，獎勵金融

　　目前有關合併及改制之法律規範仍付之闕如。牽涉如此重大金融機構變更的事項，勉強在銀行法中只有第58條規定應經中央主管機關許可。至於何種金融機構得以進行相互合併、變更，准許條件為何，審查基準為何，衍生的人事、法律、政策問題如何配合，完全付之闕如。

　　目前信託投資公司改制為商業銀行也是在無法律規範下，由財政部因陋就簡自行訂定「信託投資公司申請變更登記為商業銀行之有關規定」辦理，以如此一紙行政命令決定信託投資公司改制。至於目前金融機構中醞釀的票券金融公司與信託投資公司合併、商業銀行與信託投資公司合併案件，在無法律遵循下，財政部又將憑其自由心證決定准駁，如此落伍的金融監理體系，實難保障社會大眾權益，更難建立現代化金融制度。

(十)強化存款保險制度

　　臺灣的存款保險係屬政策性保險，但由於目前公營金融機構仍主宰金融業，投保不具意義，且由於採自由投保，基層金融機構並不熱衷，以至目前仍有60%左右的金融機構未納入體系，亦即有相當多的存款人權益並未受到保障，並產生自由投保與強制投保的爭議。

　　現行存款保險制度由於基層金融機構未投保比率仍

機構合併，並允許外國金融機構得以合併本國金融機構。其次，《金融控股公司法》於2001年7月9日公布，11月1日施行。截至2012年4月，臺灣有16家金融控股公司。民進黨一上臺，就徹底改變臺灣金融版圖與面貌，其速度之快，包括立法工程之完成及行政審查程序，實為罕見。

高，使得各界對弱勢機構存款人權益保障問題產生質疑。如果要維持自由投保方式，則應採取若干行政措施，使已投保機構及未投保機構有差別待遇，讓未投保機構存款人充分認知高報酬所必須承擔的風險代價。但這樣考慮前提是金融機構管制是否放鬆，答案如果是肯定的，則存款保險制度之加強將是必要的。未來在金融機構移轉民營化後，民營金融業將成為市場主力，則可進一步考慮採行強制投保政策。[24]

而在保險賠款特別準備金的充實方面，由於現行存款保險基金佔承保存款的比率(0.5%左右)遠較先進國家(美國為1.25～1.5%)為低，將影響對問題機構的處理能力，實應積極充實存款保險準備金，可行方案包括停止盈餘分派、免除收入及盈餘稅捐、提高資本規模，以及積極鼓勵健全之民營金融機構參加存款保險、促使不健全機構儘速改善後參加等。

(十一)訂定消費者信用保護法

消費者在消費金融商品時經常是處於弱勢，為保障消

---

24 臺灣雖於1985年制定《存款保險條例》，並由財政部會同中央銀行共同出資設立中央存款保險公司，專責辦理存款保險。但存款保險制度創立之初採自由投保方式，由於無法強制金融機構加入存款保險，造成部分金融機構因未加入存款保險，而使其存款人無法受到存款保險之保障。自1995年起陸續發生數起金融擠兌事件，造成金融環境動盪不安，為強化存保制度之功能，乃修正《存款保險條例》，將投保方式改採全面投保。自1999年2月1日起，凡經依法核准收受存款或受託經理具保本保息之代為確定用途信託資金之金融機構，應強制參加存款保險，落實存款保險保障存款人權益，確保金融體系穩健經營。

費者與金融機構交易時的權益，先進國家均制定相關法律保障。臺灣目前尚無這方面法律保障，所以經常發生消費者與金融機構爭議的問題，例如存放款利率調整的爭議、實際利率隱藏的問題、信用卡、金融卡交易的糾紛等。

英國「金融服務法」建立了一套相當先進的消費者保護管制系統，既達到確實保護消費者的目的，又不曾給市場增加過多的成本與限制。美國對消費者權益的保障更加完備，訂定一系列消費者信用保護法，包括：誠信貸款法、公平信用報告法、公平信用交易法、信用機會公平法、住宅抵押貸款揭露露法、社區再投資法、電子資金匯撥法、財務隱私權法。臺灣消費者信用權益毫無保障，應速訂定相關法律。

(十二)成立證券投資人保護基金，保障投資人[25]

為了避免證券業因經營危機、財務困難以及市場萎縮之打擊，造成證券商破產影響投資人權益，美、日等先進國家均建立證券投資人保障制度。

此外，加拿大、香港、韓國、新加坡、紐西蘭、荷蘭

---

25 1994年1月，臺灣證券交易所聯合證券相關機構設立「證券投資人保護基金」，2002年6月20日，立法院三讀通過《證券投資人及期貨交易人保護法》，引進團體訴訟及仲裁制度，明定應成立專責之投資人保護機構，以保護並償付投資人損失。2003年1月22日，「財團法人證券投資人及期貨交易人保護中心」經法院核准設立登記，提供投資人有關證券暨期貨相關問題之諮詢申訴、民事爭議事件之調處、團體訴訟及保護基金之償付等服務；另針對證券商或期貨商因財務困難無法償付之問題，明訂設置保護基金辦理償付善意投資人之作業，維護證券投資人及期貨交易人權益。

等許多國家，也均有類似保護投資人的基金。

　　臺灣應由證券商同業公會以非營利財團法人方式成立
證券投資人保護基金，在證券商發生財務危機無法履行交
割義務時，由證券投資人保護基金賠償顧客之損失，藉以
保障投資人之權益，增進其對證券市場之信心，消弭證券
商倒閉可能引發的金融風暴。

肆、產業政策

一、目標

1. 產業升級，根留臺灣。
2. 發展「二高二低」產業。
3. 建立農業與非農業間之平衡發展。
4. 扶助中小企業發展。

二、問題

(一)國內投資意願低落，長期投資不足

　　近六年平均投資率(固定資本形成毛額與存貨增加佔GNP之比率)為20.5％，低於亞洲四小龍，且不及歐美先進國家。

　　雖然臺灣投資率由1986年17.7％提高到去年的21.6
％，今年24％是十年來的最高記錄，但其主要原因為政府
大力推動公共建設，政府取代民間成為投資主力，民間企
業佔全國投資的比率不斷下降，已低於50％，日韓均為八

成以上。

表4　臺灣與主要國家平均投資率比較

國　　家	投資率(%)
臺　灣	20.5
韓　國	33.4
新加坡	36.6
香　港	26.4
日　本	30.1
美　國	17.4
法　國	20.5

　　根據經濟部的調查，投資意願低落的主要原因如下：
勞工短缺、工資高漲、治安惡化、建廠用地取得困難、融
資困難、勞資問題及政府行政手續繁複等。

(二)產業升級速度不及產業外移速度

　　根據經濟部投資業務處對全省20個縣市廠商問卷調
查顯示已從事海外投資的比例佔26.6％，尚未赴海外投資
者佔72.4％。但未赴海外投資者中有70％左右正進行評估
中。

　　相對於企業對外投資熱絡，國內投資意願顯得低落且
工業產值亦減少。根據臺經院研究指出，1991年臺灣廠商
對泰、印尼、菲、馬及大陸的投資不但沒有帶動國內出
口，反而使工業產值減少1,100億元。

　　1. 中國大陸龐大的腹地造成對大陸投資熱潮，並影響

本地產業的升級與生根。

2. 高科技產業發展的速度，跟不上傳統產業競爭力的流失。

3. 研發支出比重偏低不利產業升級，臺灣研究發展支出佔GNP比重約1％左右，遠低於先進國家水平，不利於技術提升與產品創新。

4. 資金外流加上產業升級緩慢，造成產業空洞化之憂慮。

(三)產業政策相互矛盾

經濟部曾提出所謂工業發展六項原則(二大、二高、二低)，內容包括：市場潛力大、產業關聯性大、附加價值高、技術層次高、污染程度低、能源依存度低等。但是，這些原則似乎只淪為宣示目標而已。目前，政府依據《促進產業升級條例》及其他行政措施所獎勵的卻是高污染、高能源依存度的產業，如石化工業、水泥工業等。

政策上主張應鼓勵大眾運輸工具，抑制個人使用之運輸工具。但是，卻又不斷調高大眾運輸工具之運價，促使人民只好以購買個人運輸工具代步，以免忍受效率不佳而又昂貴之大眾運輸工具。此外，能源稅至今仍只見樓梯響，能源價格雖依國際價格漲跌，但其外部性卻遲遲無法透過能源稅的方式來反應。

(四)農業成為經貿談判中之犧牲品

近兩週，隨著APEC的結束及GATT烏拉圭回合談判

即將於12月15日簽定的壓力，韓國已於12月8日宣布開放
稻米進口，日本也於12月13日隨後宣布開放稻米進口。臺
灣目前仍非GATT會員國，即使烏拉圭回合談判順利達成
農產品開放進口的協議，臺灣雖無需立即隨同日、韓開
放進口稻米，但是由於近年來積極參與國際組織，尤其
GATT更是最重要的目標之一，因此未來一旦成為GATT
會員國，遵循GATT的協定將是必要的。[26] 因此，入關之
日，即是開放稻米進口之日。

　　臺灣經濟發展過程中，早期利用農業的剩餘補充工業
資本之不足，農業長期處於出血狀態，照理，今天工業
已成長，應回饋農業過去的支援。但是，如今一旦加入
GATT勢必再度犧牲農業來達成所謂的整體經濟。

(五) 中小企業淪為「產業界的孤兒」

　　臺灣號稱中小企業為臺灣工業之特色，並每每以中小
企業之發展成功而引以為傲。然而，諷刺的是，依絕大多
數學者的研究及業者的意見，臺灣在經濟發展的過程中，
中小企業是一群「產業界的孤兒」，政府一向未予應有的
重視，早期甚至有意的加以抑制，任其自生自滅，然而，
臺灣最具競爭力的出口產業絕大部份卻是中小企業的貢
獻。試觀政策，無論在融資、土地取得、技術支援等中

---

26 GATT為「關稅暨總貿易總協定」的簡稱，是在布列敦森林協定（Bretton
　Woods Agreements）的框架下，為了規範和促進國際貿易和發展而締結的國
　際協定。該協定於1947年10月簽署，並在1948年正式生效。世界貿易組織
　（WTO）1995年成立後，所有GATT之功能由WTO接替。

小企業都是被忽視的一群。最近雖有《中小企業發展條例》，但其實際上之成效何在？尚待驗證。

三、政策方向與主張

(一)加強研究發展投入，發展技術人力密集產品

不同發展階段的國家，在不同產品上具有國際比較利益，也就是適合生產不同產品。

臺灣若要繼續生產傳統產品，必須改採較為資本或技術密集的生產方式。目前國際間資本的移動及多國籍企業的國際投資已相當發達，因此落後國家已較能大量生產資本密集產品。然而除少量技術人才外，技術人才仍難以由先進國家移往落後國家，因此產品的技術人力密集度在決定先進與落後國家相對競爭力上，似乎比資本密集度更為重要。臺灣由1986年到1992年，高級技術人力密集產品佔總出口產品由18％提高到29％。但是此一比例，美國及日本都高達63％以上，臺灣仍須大幅調整才可達到先進國家標準。

科技生根：臺灣研發支出比例過低，目前研發經費佔GNP比率為1.7％，比先進國家為低，且均為政府主導，民間研發支出低落，有礙產業升級，應訂定明確產業政策協助廠商產業升級。

差異性產品是臺灣未來應發展之貿易項目。這類產品通常須要較多的技術人才來從事市場研究、設計、以及生產。

　　臺灣中小企業眾多，不僅以許多人才可以發掘新產品，同時經營也可以適應少量多樣化的生產，而且許多產品皆已有大量生產及行銷的經驗，因此差異性產品也是臺灣產品發展的方向之一。

(二)開創中小企業發展空間

　　中小企業未來的生存，最根本之道就是要結合一切政治力量打破國內市場的壟斷與寡占，以創造出更為廣闊的發展空間。並藉由政治力量，訂出一套自由、公平的法令規章，來與大企業的壟斷力量相競爭。

　　過去政府輔導中小企業的重心在於融資及獎勵合併，其中對中小企業合併經營的推行成效不佳。企業規模的大小與其成長，基本上可透過市場競爭力量來決定，政府不應以行政管制力量來干預，以免造成社會資源及經濟效率的扭曲。政府的功能僅在於建立一個公平與開放的環境並提供充分資訊讓業者有所適從。

　　技術升級方面，提供短期科技人員訓練，以緩和廠商普遍感到科技人才不足。建立科技資訊中心，以滿足業者對資訊的需求。加強智慧財產權的保護以利研究發展。

　　勞工問題方面，對外籍勞工應有明確政策方向；加強民間職訓並擴大其功能；勞資處理上，政府角色應是仲裁者或潤滑劑，而非由政府態度來決定勞資爭議結果。

　　融資方面，對中小企業的融資應有長期性、前瞻性的規劃，而非短期救急措施。銀行的開放，不應偏袒大企業，應允許中小型銀行的設立以服務國內中小企業。

(三)農業與非農業的平衡發展

　　臺灣的環境特殊，農業結構與體質不良，農業經營困難重重，農業部門已無法單獨解決此一問題，需要非農業部門更多的理解與關懷。非農業部門需要農業部門的土地、勞動力及公共財的提供，農業部門需要非農業部門的資本、技術、企業管理精神及資源的移轉。兩個部門間如何有效共體時艱，互通有無，使兩個部門能互利共榮將是我們迫切需要思考的問題。

　　農業結構與基本體質之改善及區域均衡發展是解決農業及農村發展與農民所得問題的根本途徑。對於農業結構改善問題，政府應設立老農退休制度使老農能以土地資產換得穩定的退休收入，以促進農地之有效利用及避免農業勞動力的老化、婦化；進行農業區農地坵塊整合工作；重新檢討農業區之劃分，設計公平合理且有效率的農業區調整方案，防止農地炒作，創造較佳的農村規劃環境。

　　政府政策應調整使農業部門獲取非農業部門協助，以非農業部門在貿易自由化所得的部份利益來補償農業結構調整之負擔。糧食安全的最佳保障是適量的農地、有效的儲量計劃及有效的外交及國防。因此，農業保護區的土地在作其它用途時，不應影響農業區之完整性，並在有需要時，在可接受的成本範圍內恢復農用。

　　健康的農村才有健康的都市。在農民兼業深化的情況下，健全的經濟發展是健全農村之保障。對大多數的兼業農而言，農業所得提高也不一定表示其所得會大幅改善，

反而是健全經濟發展與區域發展更能確保農民所得之穩定與農村發展。

不能以都市本位、工業、貿易發展本位來思考農業政策。爲了全民的利益，應創造出一套新的制度來設計以全民爲思考範圍的農業政策，唯有如此，才能確保區域均衡及農業和農村的健全發展。

伍、對外貿易政策

一、目標

(一)貿易自由化、外匯自由化

糾正扭曲的貿易增長，改變重出口、抑制進口之不合理現象，力求貿易的平衡發展與資源的合理分配，並逐步推動貿易政策中立化。

避免因央行對匯率不當干預，引發賺取匯率差價的熱錢進出外匯市場，增加匯率變動的幅度，危及臺灣對外貿易的穩定成長。

(二)突破貿易保護主義困境，積極重返國際經貿組織[27]

隨著歐洲共同體、北美自由貿易區的先後成立，使得

---

27 經過十二年談判，臺灣已於2000年與中國同時加入WTO。

國際間貿易保護色彩愈益濃厚。

突破國際保護主義的枷鎖，以延續臺灣對外貿易的強大實力，除了積極輔導國內產業赴外投資之外，可經由爭取加入國際經貿組織的機會，進行雙邊及多邊談判，達成互惠協定。

爭取加入國際經貿組織，對於外交空間本已狹小、每遇貿易糾紛則投訴無門的臺灣而言，無異多一重貿易的安全保障。

(三)市場分散

在出口市場方面，過去臺灣存在大量順差，造成美國往往藉由採取貿易制裁為要脅，對我予取予求。目前的出口優勢，有逐漸轉移至中國大陸、港澳地區的趨勢，更將危及臺灣的安全。

在進口市場方面，臺灣對日貿易維持長期逆差，過分依賴日本的物質與技術，實有礙臺灣的貿易發展。

在全球經貿往來愈益蓬勃發展，我們應加強與其他地區的經貿往來。

(四)提高出口產品品質

近年來新臺幣升值、勞工成本上漲，臺灣不再是傳統勞力密集產品的優勢產區。為維持臺灣出口競爭力，繼續擴增外銷市場，唯有加強研發、引進新技術，以便提昇臺灣出口產品的層次。

二、問題

(一)對外貿易市場過於集中

1. 對日貿易存在長期逆差

臺灣對日貿易長期處於逆差狀態，而且有逐年擴大之勢。對日貿易逆差從1985年的20億8,790萬美元，急遽增加為1992年的128億7,298萬美元，增加逾五倍，對日進口依賴比重高達30.23％。

2.對中國大陸順差逐年擴大

臺灣經香港與中國大陸的貿易處於順差狀態，而且有逐年擴大之勢。據統計，這項資料從1986年的6億6,711萬美元，急遽增加為1992年的51億6,896萬元，增加近七倍，該項順差額佔臺灣對外順差總額的54.52％。如果考慮兩岸經由香港以外的地區所完成的貿易，預料這項成長的倍數及依賴比重將會更大。

(二)勞工及環保意識的提高

在臺灣致力追求經濟成長的過程中，完全以經濟掛帥，因此現今的經濟成就，有一大部分說得上是由犧牲環境保護與勞工權益換來的。

隨著國民所得與教育程度的提昇，民眾對環境保護與勞工權益之訴求意識日益升高，故近年來環保抗爭與勞資糾紛事件的頻率越來越高。

(三)匯率操控

　　雖然近一、二年來，新臺幣對美元的匯率不再呈現單向調整，不過央行仍隱約操縱匯率。

(四)面臨其他開發中國家的強大競爭壓力

　　以1987年為例，臺灣出口產品的結構，如以勞力密集度來區分，高勞力密集產品仍佔47.7％；以資本密集度來區分，則高資本密集產品產品佔23.8％；以技術密集度來區分，則低技術密集產品高達68.2％。由此顯示，臺灣出口產品被其他開發中國家產品以低廉勞力優勢取代的機率頗高。

(五)與社會主義國家之貿易往來金額仍小

　　過去由於意識型態不同，社會主義國家往往被列為禁止貿易的對象。近年來，臺灣與這些國家間之貿易雖有成長，但相對於臺灣1,500多億美元的貿易總額，仍然相當低。

(六)加入GATT等國際經濟組織所衍生諸多問題[28]

　　對臺灣農業的衝擊：由於臺灣和日、韓一樣，農業在

---

28 GATT之功能於1995年由WTO取代，臺灣於2000年加入WTO，目前，全世界有超過90％以上的貿易活動皆在WTO的規範之下進行，臺灣經貿活動亦需受WTO制約。

國際貿易上不具比較利益，因此一旦農產品開放進口，對於原已屬弱勢產業而言，無異雪上加霜。

對臺灣工業的衝擊：加入GATT之後，打擊最大的產業，應是汽車、紡織、家電、食品、水泥、鋼鐵等過去曾受政府優渥禮遇者；對於高科技或附加價值高的產業，較無影響且反而可能有利。

對臺灣服務業的衝擊：由於加入GATT之後，許多不符合GATS(服務業貿易總協定)的規定必須面臨修正的命運，則未來臺灣的服務業將更具競爭性。

三、政策方向與主張

(一)有效規劃分散市場計畫

1. 鼓勵國內產業加強由歐洲進口技術合作，持續分散進口市場，逐步降低臺灣產業對日本之依賴程度。
2. 加強與社會主義國家的經貿往來。

(二)糾正扭曲的貿易增長

1. 解除不當的產業保護，如高關稅、設廠限制等。
2. 尊重外匯市場機能，讓匯率反映國際收支狀況。
3. 比照先進國家，訂定環保標準，加強督導企業，從事污染防治工作。
4. 致力勞工基本權益的維護。

(三)促進產業升級，提升出口產品品質

1. 將傳統不具國際競爭的勞力密集產業移往工資低廉地區設廠。
2. 鼓勵廠商從事研究發展，提升生產技術層級，以加強技術及資訊的提供。
3. 提供企業有關全球經營戰略的整體方向。
4. 激勵企業在產業升級上所作的努力，以功能性獎勵為主體。產業升級所選擇的工業，可考慮從產品的層次和方向著手。
5. 對未來投資方向及產業政策應明確化。
6. 建立企業經營的保險制度和資金的互助運用。
7. 發達資本市場，以暢通企業尋求資金之管道。

(四)加入國際經貿組織

1. 強化經貿決策及執行機構，統籌跨部會協調功能，俾便對有關參與國際組織所可能衍生的問題採取因應對策。
2. 加強談判、諮商人員的訓練及資料的蒐集。
3. 加入GATT的堅持：入關所退讓的各項條件，不能以犧牲農業為代價，必須以現階段臺灣能忍受的程度為限，而且也須爭取緩衝時間，加速調整產業結構。

(五)因應加入GATT，調適國內產業生存環境

1. 農業方面

(1)發展重點產業，調整生產結構；整合農業科技，

降低產銷成本；發展本土化產品，擴大市場需求；發展休閒農業，維護自然生態等。

(2)加強辦理農產品直銷運銷；建立國產品之行銷管道；推動運銷作業自動化；健全批發市場；加強國產農產品廣告促銷；充實農產品行情報導系統等農產品運銷政策等。

(3)採行配合政策：諸如農產品之檢疫、檢驗對策；農業補貼政策之調整；因入關之損害救助措施；增進農民福祉之對策；農業資源的利用；農民之配合等。

2. 工業方面

藉由多邊談判的機會，爭取和日本一樣的入關緩衝機會，採行分期分批放寬進口限制，如此不但可有效保護國內產業，亦可加速完成產業升級。

3. 金融服務業方面

蒐集各國相關資料、法令，研擬出市場開放之因應對策，加速國內金融自由化、健全管理法規的腳步，以免本土金融業遭受不利衝擊，同時也應爭取入關緩衝時間。

陸、土地政策

一、目標

1. 完善國土綜合規劃、合理規劃土地資源。
2. 尊重私有財產權，健全土地稅制。

3. 健全房地產交易，有效規劃住宅用地，防止財團炒作。

4. 加強公有土地之管理及利用。

二、問題

(一)缺乏完善國土規劃，造成土地使用效率不佳及特權滋生

臺灣本屬土地資源缺乏國家，而政府又缺乏完善的國土規劃，以致各區域發展不平衡，農業及森林的保護地又未適度規劃與配置，導致住宅及工業用地明顯不足，住宅及工業用地價格偏高。尤其有關係人士，每每利用透過變更地目以賺取暴利。

過去的國土規劃是逆向發展，先有都市計劃，再有區域計劃，最後才有綜合性的國土規劃，結果造成人口密集都會區域，並使城鄉發展嚴重失衡，都會區的建設需求更形龐大而且建設的邊際成本更形高昂。往後的區域規劃與綜合規劃便往往因遷就現實，而難有根本的改善。

區域規劃未尊重當地人的民意需求，也未有當地人的參與，因此在執行上易激起民怨與民間反彈，而窒礙難行。其他尚包括：

1. 國土規劃未考慮海域規劃，對於海域生態環境與國內經濟活動的平衡關係有所疏失。

2. 現行的軍用土地與國有土地，未重新依戰略佈署與國家建設的考量，將其納入國土規劃的範圍。

3. 山坡地資源未能合理利用與管理，影響自然災害之
防治、自然生態景觀之保護及水源之涵養。

(二)公告現值偏低，土地稅制不良助長土地炒作

公告現值偏低且一年公告一次，土地交易所得大都歸
私有。土地增值稅本質上為土地交易所得稅，它本為一種
抑制房地產炒作的良好工具，但是，因為臺灣的土地增值
稅是依據公告現值課徵，而非真正買賣價格。但因公告現
值偏低，使得漲價利得未能有效課稅，擴大財富分配不
均。此外，在短期間若公告現值未調整，則短期間炒作的
房地產交易所得將不可能課到土地增值稅。目前土地公告
現值為一年公告一次，因此在一年內轉手的土地交易完全
免課土地增值稅。制度設計不但未能抑制短期炒作，反而
變成鼓勵短期炒作，而抑制長期持有。土地在長期持有的
過程中，因為土地公告現值提升，且土地增值稅的累進特
性，土地不利於長期持有。

公告現值偏低，公共建設徵收補償地價偏低不合理，
政府徵收私有土地，係依照公告現值補償地價，但因遠低
於市價，造成被徵收人抗拒，影響公共建設用地之取得。

(三)房地產市場資訊不足，助長投機哄抬

1. 土地變更使用，輾轉哄抬，刺激地價上漲，地主獲
利甚高，助長投機。
2. 土地持有成本及賦稅甚低，有利囤積居奇。
3. 房地產市場資訊不足，行情混亂。

4. 尚未建立專業估價師制度，以建立客觀鑑價標準。

(四)公有土地閒置、被佔用情況嚴重

1. 未建立完整、確實之產籍資料，難以有效管理利用。
2. 法令限制不得出租或處分，放令其長期閒置或被佔用。
3. 主管機關未能有效清理，管理問題叢生。

三、政策方向及主張

(一)建立健全的國土綜合規劃與管理體系

1. 重行依臺灣區域(包括海疆)地形、天然資源、經濟活動方式、區域間的交通與電信，設計人口的均衡分布，並防止民間的土地炒作，劃分區域並規劃建設，使每一寸土地均能地盡其利，而且資源維護與再生均應達到永續利用的長期目標。
2. 對各地區的生態環境進行研究，擬定生態保育措施，維護資源再生，制定環境污染最低限制與標準。
3. 制定法律，確立綜合規劃的強勢地位，中央得據綜合規劃既定方案審議和協調區域性的建設計劃。
4. 區域性和都市計劃基於中央綜合規劃的主導原則，由區域主管結合民意需求，翔實設計。
5. 配合國土規劃重行調整行政區域，以配合國土規劃的實施與執行。

6. 國土規劃的審議與建設的推行，在行政作業上應予
分離，而且審議應有民意的參與與監督。

(二)以土地交易所得稅取代土地增值稅

　　課徵土地交易所得稅，取消土地增值稅，回歸租稅原
則。充分考量實際交易價格及成本，符合量能課稅，依所
得多寡適用累進稅率。而且，針對土地交易所得屬於資本
利得，是長期累積造成，應仿照先進國家的稅制，給予優
惠處理，避免持有期間愈長(包括通貨膨脹因素所造成)繳納稅
額愈高的不公平現象，而且，應給予交易損失合理處理，
可以沖抵其他所得，或在以後年度沖抵。土地交易所得稅
所面臨的依然是土地交易價格如何認定的問題，除透過淨
值法查核外，調整公告現值接近市價也是參考之指標，此
外，必須配合建立市場公開交易制度、建立土地估價師制
度，全面編製地價指數，使土地交易價格有公平客觀的參
考依據。

　　要將土增稅改制為土所稅是較理想的作法，但其牽涉
修憲、修改土地稅法、所得稅法、財政收支劃分法等，牽
涉層面較廣，但也唯有如此徹底解決，才能解決長久以來
紛擾不斷的土地稅制問題。

(三)健全不動產估價及交易制度

1. 加速全面編製地價指數。
2. 建立土地估價師制度、公正仲裁機構。
3. 制定不動產估價準則，以為政府及民間估價標準。

4.建立住宅資訊系統，提供住宅供需及房價資訊。

5.建立不動產交易制度及仲介制度。

(四)加強公有土地管理及利用

1.放寬出租限制，以標租公有土地。

2.訂定合理的租金率，以增加財政收入。

3.懲罰非法佔有公地者，並盡力收回。

4.加強閒置或低度利用之公地開發。

5.建立完整的產籍資料，以有效管理。

柒、兩岸經貿政策

一、目標

(一)堅持政經合一的原則

1.降低臺灣對中國大陸的經濟依賴。

2.引導國內廠商加強對中國以外地區的經貿活動，以擴大臺灣的經濟腹地。

(二)謀求國家利益和民眾私利的調和

1.為因應中國「胡蘿蔔與大棒交替運用」的對臺政策，以及降低臺灣因兩岸經貿往來可能蒙受的負面衝擊，實有必要加重臺商的交易成本。[29]

2.加強對中國在臺灣製造出來壓力團體的規範，以便

繼續維持臺灣的獨立自主地位。

(三)維持臺灣經貿的相對優勢地位

1. 促進產業升級，提高現有技術層級。
2. 管制高科技研究成果流往中國大陸。
3. 獎勵技術、資本密集產業在臺灣投資。

(四)提高因應中國採取經濟制裁的應變能力

1. 加強與中國大陸以外地區的經貿關係。
2. 使中國對我採取經濟制裁付出更大的成本。

(五)避免臺灣淪為「香港第二」

1. 著重臺灣內部各項機能的調整，以便對中共政治企
   圖產生足夠的免疫力。
2. 增加臺灣與香港經貿往來的交易成本。

二、問題

(一)臺灣對中國大陸經貿依存度越來越高，增加臺灣整體經濟的不穩定性[30]

---

29 這項兩岸政策目標之意見，後來，陳師孟更進一步提出「國家安全捐」的看法，主張對臺商在中國直接投資行為課徵從價稅，把政經外部成本納入成本效益，以發揮以價制量效果。陳師孟這個見解，與本意見應是英雄所見略同吧！他的思考請參見陳師孟《政治經濟學：現代理論與臺灣應用》，2006年2月，翰蘆圖書出版公司，頁323-325。

30 2000年起民主進步黨執政八年，對兩岸經貿政策自2002年打破李登輝時代之

1. 貿易依存度不斷提高

臺灣對中國出口佔臺灣總出口的比重，由1979年的0.1％增加為1992年的7.7％；臺灣自中國進口佔臺灣總進口的比重，同期由0.4％增加為1.6％。

2. 核准投資金額躍居對外投資總核准金額第一名

1992年對中國大陸核准投資為2.47億美元，較1991年1.74億美元高出甚多，佔臺灣對外投資總核准金額的21.77％，比重排名也由1991年的第4名躍升為第1名，這也是臺灣對中國大陸出口不斷擴張的主因。

3. 臺灣經濟發展自主性降低，處處受制於中國

由於中國大陸過去的整體發展呈現極不穩定的態勢，則臺灣對中國大陸經濟依存度愈來愈高，必將隨時遭受「輸入性通貨膨脹」、「輸入性經濟衰退」的困擾。

(二)造成臺灣總產出減少

臺商赴大陸投資，所產生的生產活動替代效果大於貿易創造效果，使國內總產出減少。據估計，1990年國內產

「戒急用忍」，改採「積極開放，有效管理」，於是對中國投資大幅放寬；政府投資審查之准許類由73.3％增到93.2％，專案審查類由24％降至5.8％，禁止類由2.7％降為1％。於是，投資中國幾乎已不必審查，資金更可大方西進中國。從此，臺灣對中國的經貿依存關係更見大幅提升。這八年來，根據臺灣官方陸委會統計，臺灣對中國大陸貿易佔對外貿易之比重，2000年為10.67％，2008年倍增已提高至21.24％；而臺商對中國大陸投資金額，經濟部核准金額2000年為26億美元，2008年更高達107億美元。顯然，臺灣與中國的關係並非僅能由政治意識所能單方面號召，畢竟「政治歸政治，經濟歸經濟」的「政經分離」乃是民間經濟自主發展出來的結果。

出減少27.16億美元，佔當年國民生產毛額的1.7%。

(三)對臺灣產業構成競爭性威脅

近來，臺商赴中國大陸投資的性質，有由「求生型」轉變爲「獲利型」的趨勢，則對臺灣總體經濟的負面影響將更大：

1. 中國產品超越臺灣產品的美日外銷市場佔有率

1986年以後，中國出口量不斷擴大，甚至在1992年首度超越臺灣。自1989年以來，美、日一直分別位居臺灣的第一大、第二大貿易伙伴，然而，去年臺灣在這兩個市場的失勢充分顯示，兩岸在國際市場的經貿發展，已從互補的關係，轉化爲互競的關係。

2. 對大陸投資壯大中國削弱臺灣

據估計，臺商赴大陸每投資一億美元，就可增加大陸二億六千萬美元的輸出，並造成臺灣等值的出口損失。這種出口轉移效果最大的是電機電子器材業，每年造成臺灣六、七億美元的損失。

3. 產品回銷佔有臺灣市場

依據學者的研究顯示，1990年臺灣產品回銷效果在2.7億美元左右，佔該年臺灣自中國間接進口金額的35.3％，實已不容忽視。

(四)造成臺灣產業空洞化隱憂，產業結構更難調整

臺灣企業在過去四十年來主要的經營型態，是勞力密

集的中小企業，不僅沒有積極從事技術發展的投入，而且移往中國大陸生產也大都以水平移轉爲主。

政府當前有關對外投資策略的擬定，以及國內產業的發展，並沒有一套完善的計畫和目標，造成產業無秩序、無目標地外移。

(五)造成大量資金流注大陸，促使臺灣經濟失血

根據央行總裁謝森中的說法，目前臺資流向大陸的投資金額，已超過一百億美元；新臺幣現鈔流向中國大陸的金額約二百億元。據實際瞭解與估計，數字絕對不只如此，其已可能擾亂央行對貨幣供給量的操控功能。使國內資金供給趨緊，不僅延緩國內重大公共工程的完工時間，而且也將造成利率上揚，對於原已疲弱的投資意願無異雪上加霜。

(六)政府無力保障臺商的投資成果

由於兩岸的敵對關係並未完全解除(由於有領土、主權之爭)，故很難透過官方的管道，制定出類似投資保障協定的正式文件。

1988年中國國務院發布「鼓勵臺灣同胞投資規定」22條，只是一紙行政命令，不具法律效力。

三、政策方向與主張

現階段兩岸經貿往來不應受到鼓勵或放任其自由發展，應採取干預措施，包括：

(一)間接管制臺商赴中國大陸投資

1. 針對中國大陸投資的預警指標採行配合措施。
2. 規定廠商赴中國大陸投資，應並呈在臺灣的投資計畫。

(二)建立兩岸轉口貿易預警制度

1. 建立轉口貿易預警防備措施：針對現行兩岸轉口貿易預警指標系統，建立不同程度下之相對應干預措施。
2. 干預措施可包括停止融資、退稅之獎勵、增加出口手續之申請、課徵出口關稅、加重進口關稅等等，透過提高臺灣貿易的交易成本，抑制對香港的進出口貿易。

(三)保障臺商權益及臺灣經濟安全

1. 獎勵廠商將生產活動留在臺灣，進而幫助其渡過產業升級的緩衝期。
2. 加速與中國簽訂臺商保障協定。[31]
3. 輔導臺商分散市場。

(四)根本解決產業外移問題，防止中國鯨吞臺灣經濟

1. 解決工業用地不足問題，建立永續生存的國土規劃與土地政策。

2. 訂定明確的產業政策與發展目標。

3. 落實經濟自由化，強化監督，避免「官商勾結」或「國庫通黨庫」。

4. 建立公平合理稅制，避免租稅苛擾。

5. 解除企業信心危機。

　　在中國併吞的陰影之下，企業當然無長治久安之心，因此，要企業根留臺灣的前提是，兩岸的政治問題必需有明確的定位和解決方向。

---

31 民進黨下臺之後，兩岸在2010年6月簽訂ECFA（兩岸經濟合作架構協議），至今2012年4月仍未完成訂定對臺商的保護協定。之所以遲遲不定，證明「政治歸政治，經濟歸經濟」並不是全然那麼一回事。顯然，兩岸經貿問題在中國方面仍有濃厚的政治考量，亦即兩岸經貿關係本是政經一體！

已到書末，究竟什麼叫做經濟？

驅使你自己為這些勇士團隊服務，為他們的福祉而努力，意味著恆常溫習夢想之原則。

發生於內在的改變，將使他們更加活躍，更加負責任，更加自由。

領導者的完整性就是解決方案。這就是經濟。

——夢想家，《眾神的學校》

〔跋〕
經濟乃臺灣生存發展的主體

　　爲什麼從事政治改革要重視經濟？
　　因爲，改革政治目的的解答都在經濟。

　　我爲什麼要出版這一本書？

　　本書之出版，意義著重在歷史。歷史，總是可以讓我們學會一些什麼。

　　二十世紀臺灣的歷史，和世界許多地方一樣，係經過改造的。

　　二十世紀下半，臺灣島上住民的生活條件被迫調適，統治的主國因戰敗而遭變故，所有生存的遊戲規則全然更易，政治環境更是陷入大改造的變局。世紀末，島上住民的生活模式並轉進至過去歷史所未曾有過的境界。臺灣人自己當家作主的時代已經來臨。

　　這是空前巨變的世紀。改造歷史的元素又是什麼？身爲變局中的臺灣子民，自然有責任深入了解。

　　本書相當程度地反映作者隨同臺灣歷史改造過程起伏的一部分親身經歷。其間，眞正歷史改造的原因，當首推民心思異，在政治運動之下推展出臺灣人民自主意識的覺醒。本書即以更深沈的觀察，從經濟與政治的關係，直指

時代運動的基礎。

這一甲子多以來，臺灣人運動的目的究竟是什麼：民主自由？當家作主？獨立建國？政治改革的目標又是什麼：出頭天？改善生活？累積財富？

從歷史觀察，二戰後的一甲子，臺灣今天政治已經相當民主化。無論朝野，已少提政治民主的主張與議題；雖然，距離成熟的民主社會仍有一段距離。但回首在民主化過程的這六十年，則少見經濟對臺灣民主化在政治方面的角色發揮。尤其，在二十世紀結束之前，臺灣經濟已相當現代化，但本土派反對運動興起及其茁壯之際，經濟因素的運用仍非政治運動之重心。究其原因，一方面係由於經濟專業人士投入少，另一方面則係因政治人士少研究經濟。如此現象，延緩了臺灣民主化目標的達致。

「經濟幫助我們看清歷史」，歷史學家威爾・杜蘭(Will Durant)夫婦提醒我們。卡爾・馬克思(Karl Marx)更指明「歷史是經濟的實踐」。

今暫毋論日治及其之前時期，就最近一甲子的臺灣人反對運動史而言，「臺灣人當家做主」的目標在1990年代李登輝時代就已經看到影子，真正的本土政黨輪替執政也在二十一世紀10年代實現；然而社會一般的反應，卻並未真正體會到民主化已經成功。畢竟，民主並非只有選舉。主要的問題是：「臺灣人似乎不會當家做主」。於是，有人批評民主進步黨「只會選舉，不會治國」，大概也是基於這樣的反應吧！回顧六十年來臺灣這段經濟歷史，經濟

的確可以幫助我們看清中國國民黨與民主進步黨統治臺灣的大部分歷史現實：經濟利益總是政治角力的核心。2012馬英九的再度連任成功，或許可以說明一部分國人對政權是否再賦予民主進步黨之思維。畢竟，提升經濟人生不是古時候的故事，經濟確是政治的基石。

今人不見古時月，今月曾經照古人。

三、四十年來，我曾經爲政治奔忙，四分之一個世紀後，人事皆非，山河依舊。本書之問世，就個人言，但求沈澱一些過去見解之紛爭雜質。就總體而言，則在訴之反省與檢討。大凡政治之爭，尤其改革之役，皆待社會較合理結構出現之後，或見體制調適過程，自然明得經濟與時代變遷之事理。

荏苒光陰悄然流逝。感歎時日已過，命亦隨減。「九二一事件」讓我從政治淡化下來，迄今十二年。從過去參政經驗，我很不希望本書之問世再惹塵埃，實畏業業牽纏。惟爲傳承故，我小心翼翼，輯要呈現歷史改造的軌跡，不再是論爭好壞與是非，一心只求眞實善對臺灣，這我們生死相許的地方。提醒未來，我們仍然應適時調整體制，以適應時代需要。

歷史明確告訴我們，經濟是生存發展的主體。基於還原臺灣民主化過程中經濟的運動角色，我於半年多前從開南大學退休，才有較多的時間整理過去較具代表性的時代性文章，彙整呈現給熱愛臺灣的朋友。在此，我要特別感謝前衛林文欽社長與愛書人林賢儒創辦人這兩位文化界先進對本書出版的安排。由於他們的熱心相挺，總算讓我完

成一分爲歷史臺灣的一點小小記錄，也是當代政治經濟的小小一部分。

彭百顯

寫於書成之後2012.5.16

國家圖書館出版品預行編目資料

臺灣改造經濟學：經濟在臺灣民主化過程的角色
／彭百顯著.
- - 初版.- - 臺北市：前衛，2012.09
320面；15×21公分

ISBN 978-957-801-695-8（平裝）

1. 臺灣經濟　2. 政治經濟　3. 文集

552.33　　　　　　　　　　101017519

臺灣改造經濟學

著　　　者　彭百顯
責任編輯　林一筆
美術編輯　宸遠彩藝
出 版 者　台灣本鋪：前衛出版社
　　　　　10468 台北市中山區農安街153號4F之3
　　　　　Tel：02-2586-5708　Fax：02-2586-3758
　　　　　郵撥帳號：05625551
　　　　　e-mail：a4791@ms15.hinet.net
　　　　　http://www.avanguard.com.tw
　　　　　日本本鋪：黃文雄事務所
　　　　　e-mail：humiozimu@hotmail.com
　　　　　〒160-0008 日本東京都新宿區三榮町9番地
　　　　　Tel：03-3356-4717　Fax：03-3355-4186
出版總監　林文欽　黃文雄
法律顧問　南國春秋法律事務所林峰正律師
總 經 銷　紅螞蟻圖書有限公司
　　　　　台北市內湖舊宗路二段121巷28、32號4樓
　　　　　Tel：02-2795-3656　Fax：02-2795-4100
出版日期　2012年10月初版一刷

定　　　價　新台幣350元
©Avanguard Publishing House 2012
Printed in Taiwan　ISBN 978-957-801-695-8

*「前衛本土網」http://www.avanguard.com.tw
*加入前衛出版社 facebook 粉絲團，上網搜尋"前衛出版社 facebook"並按讚。
更多書籍、活動資訊請上網輸入關鍵字"前衛出版"或"草根出版"。